CRIANDO VÍDEOS PARA O
YouTube

por Nick Willougby

ALTA BOOKS
EDITORA
Rio de Janeiro, 2017

Produção Editorial	**Gerência Editorial**	**Marketing Editorial**	**Editor de Aquisição**	**Vendas Atacado e Varejo**
Editora Alta Books	Anderson Vieira	Silas Amaro	José Rugeri	Daniele Fonseca
		marketing@altabooks.com.br	j.rugeri@altabooks.com.br	Viviane Paiva
Produtor Editorial	**Supervisão de**			comercial@altabooks.com.br
Claudia Braga	**Qualidade Editorial**		**Vendas Corporativas**	
Thiê Alves	Sergio de Souza		Sandro Souza	**Ouvidoria**
			sandro@altabooks.com.br	ouvidoria@altabooks.com.br
Produtor Editorial	**Assistente Editorial**			
(Design)	Juliana de Oliveira			
Aurélio Corrêa				

Equipe Editorial	Bianca Teodoro	Christian Danniel	Illysabelle Trajano	Renan Castro

Tradução	**Copidesque**	**Revisão Gramatical**	**Revisão Técnica**	**Diagramação**
Eveline Machado	Wendy Campos	Marina Boscato	Alex Ribeiro	Joyce Matos
		Samantha Batista	*Analista Desenvolvedor, Gerente de Projetos e de Novos Negócios na EXIS Tecnologia*	

Erratas e arquivos de apoio: No site da editora relatamos, com a devida correção, qualquer erro encontrado em nossos livros, bem como disponibilizamos arquivos de apoio se aplicáveis à obra em questão.

Acesse o site www.altabooks.com.br e procure pelo título do livro desejado para ter acesso às erratas, aos arquivos de apoio e/ou a outros conteúdos aplicáveis à obra.

Suporte Técnico: A obra é comercializada na forma em que está, sem direito a suporte técnico ou orientação pessoal/exclusiva ao leitor.

Dados Internacionais de Catalogação na Publicação (CIP)
Vagner Rodolfo CRB-8/9410

W739f   Willougby, Nick

       Criando vídeos para o YouTube / Nick Willougby ; traduzido por Eveline Machado. - Rio de Janeiro : Alta Books, 2017.
       128 p. : il.; 14cm x 21cm.

       Tradução de: Making YouTube Videos
       Inclui anexo.
       ISBN: 978-85-508-0084-4

       1. YouTube. 2. Vídeos. I. Machado, Eveline. II. Título.

                           CDD 005
                           CDU 004.42

Rua Viúva Cláudio, 291 — Bairro Industrial do Jacaré
CEP: 20.970-031 — Rio de Janeiro (RJ)
Tels.: (21) 3278-8069 / 3278-8419
www.altabooks.com.br — altabooks@altabooks.com.br
www.facebook.com/altabooks — www.instagram.com/altabooks

ALTA BOOKS
E D I T O R A

SUMÁRIO

INTRODUÇÃO

OLÁ, FUTUROS YOUTUBERS!

Bem-vindos ao *Criando Vídeos para o YouTube* — o livro que cumpre exatamente o que informa na capa.

Você deseja ser a próxima estrela do YouTube? Sempre que assiste a vídeos no YouTube você pensa: "Eu poderia fazer isso!" ou "Quero muito fazer isso!" Bem, você escolheu o livro certo.

Milhões de pessoas estão carregando seus vídeos no YouTube — e tem muito espaço para você também. Você só precisa transformar suas ideias criativas em vídeos. Vai ser muito divertido e irei guiá-lo em cada etapa.

SOBRE O YOUTUBE

O YouTube surgiu em 2005 como uma ferramenta para as pessoas do mundo inteiro compartilharem vídeos. Não acho que alguém imaginou o sucesso que seria. Você imaginou?

Se você quer aprender alguma coisa ou assistir a vídeos engraçados, onde irá procurar? No YouTube. E sabia que algumas pessoas ganham a vida fazendo vídeos no YouTube? Não seria divertido?

 *Sua segurança é o mais importante. Não inclua nenhuma informação pessoal nos vídeos que você compartilha no YouTube. Não informe seu nome nem onde você mora a ninguém online.*

SOBRE ESTE LIVRO

Não se ensina como fazer vídeos do YouTube na escola, não é? Se a sua ensina, você estuda em uma escola impressionante. Em

Criando Vídeos para o YouTube, compartilho o que aprendi para ajudá-lo a fazer vídeos. (Gostaria de ter tido este livro quando era criança. Isso seria impossível, claro, a menos que eu tivesse uma máquina do tempo para mim e para o YouTube.)

Dizem que uma pessoa sábia aprende com seus erros e uma pessoa esperta aprende com os erros dos outros. Aprendi tudo o que sei trabalhando em diferentes áreas da indústria do cinema e os erros que cometi me tornaram melhor. O bom é que você poderá evitá-los.

Com este livro, você vai:

» Explorar as diferentes câmeras que pode usar;

» Descobrir como gravar o som;

» Descobrir como iluminar suas cenas;

» Editar seu vídeo.

» Ver maneiras de compartilhar seus vídeos no YouTube.

Algumas vezes, você verá uma URL (endereço da Web) para formulários ou exemplos que coloquei online. Você pode encontrar os extras em www.altabooks.com.br ao procurar o título ou ISBN do livro, ou em www.dummies.com/go/makingyoutubevideos (conteúdo em inglês).

Algumas figuras terão uma lupa, como esta aqui. Ela serve para chamar a atenção para as partes da tela que você usa. O texto destacado chama sua atenção para a figura.

Alguns valores são fixados em partes do texto como exemplificação de preços, porém, eles podem variar. Para maior exatidão, consulte os preços dos produtos nas lojas especializadas da sua cidade.

SOBRE VOCÊ

Você está interessado em fazer vídeos. É por isso que está aqui, certo?

Também imagino que você tenha um modo de capturar o filme (uma câmera ou telefone) e um modo de editá-lo (um computador ou laptop).

Aposto que você já esteve online antes e sabe tudo sobre clicar em ícones e que já pressionou o botão Gravar em uma câmera.

SOBRE OS ÍCONES

Ao ler os projetos neste livro, verá alguns ícones. Eles indicam diferentes coisas:

Se algo pode ser perigoso ou se é algo que você não deve escolher, verá o ícone Cuidado.

O ícone Lembre-se fornece as coisas mais importantes. São informações que você usará o tempo todo ao fazer vídeos.

Uso o ícone Dica quando tenho informações ou conselhos que poderiam ajudá-lo em seu projeto de vídeo.

NOTA

A editora Alta Books não se resposabiliza pela manutenção e atualização de sites, bem como suporte de programas citados nesta obra.

PROJETO 1 INTRODUÇÃO

VOCÊ SABIA QUE EXISTEM BILHÕES DE VÍDEOS NO YOUTUBE?

Bilhoes! E que as pessoas adicionam 300 horas de vídeo a cada minuto? São muitos vídeos.

O YouTube é uma ótima maneira de compartilhar os vídeos que você cria com seus amigos e família. Não se preocupe se você não fez um vídeo ainda. Irei ajudá-lo a fazer seu próprio vídeo para o YouTube conforme lê este livro.

SIGA O PROCESSO PARA FAZER VÍDEOS

Você pode dividir o processo para fazer vídeos em cinco estágios principais:

» Desenvolvimento;

» Pré-produção;

» Produção;

» Pós-produção;

» Distribuição.

Se você imaginar o processo para fazer vídeos como uma viagem, esses cinco estágios principais serão as paradas no caminho. Você não conseguirá chegar aonde quer a menos que visite todas as etapas do percurso.

DESENVOLVIMENTO

Desenvolvimento é uma das áreas mais importantes do processo — e pode ser uma das mais difíceis também. Geralmente, é a parte mais demorada da produção de um vídeo, porque é importante entender o conceito e a história bem antes de ir para a pré-produção.

O estágio do desenvolvimento significa:

» Criar ideias e propor temas para criar uma história que tenha um bom início, meio e fim;

» Construir a história para que fique pronta para entrar na pré-produção. Escrever um roteiro para os atores trabalharem e, algumas vezes, um esboço sequencial para o diretor e a equipe trabalharem. Um *esboço sequencial* é uma série de imagens que ajudam a planejar quais cenas você irá gravar.

PRÉ-PRODUÇÃO

Aqui, usa-se a ideia, a história, o roteiro e o esboço sequencial para preparar o estágio de produção. Na pré-produção, tudo é planejado o máximo possível.

Se você tiver pressa ou pular a pré-produção, algo poderá dar errado e levará mais tempo para você gravar.

A *pré-produção* inclui:

» Escolher os atores;

» Encontrar as locações;

» Construir cenários para cada cena;

» Planejar cada dia de gravação;

» Organizar os ensaios dos atores.

O trabalho que você faz nessas etapas economiza tempo nos estágios de produção e pós-produção.

PRODUÇÃO

O estágio da produção é onde a história e os personagens ganham vida quando você grava.

O estágio da *produção* inclui:

» Fazer os ensaios dos atores para que eles decorem suas falas e desenvolvam seus personagens;

» Montar o equipamento da câmera no local;

» Gravar as cenas planejadas;

» Revisar o vídeo feito para garantir que capturou tudo e ver se está bom o bastante para a edição.

PÓS-PRODUÇÃO

O estágio de *pós-produção* é o momento de juntar as partes do filme capturadas durante a produção. Esse estágio é empolgante.

Você consegue ver o trabalho realizado nos estágios anteriores e observa o vídeo ser montado na ferramenta de edição.

A *pós-produção* inclui:

» Importar o vídeo para um computador;

» Editar em um software, como o iMovie ou o Movie Maker;

» Adicionar música, efeitos sonoros e outros tipos de efeitos.

DISTRIBUIÇÃO

A *distribuição* é o último estágio da jornada. Neste ponto, seu vídeo foi produzido e editado. Agora, está pronto para o público aproveitar.

Pode ser um momento preocupante para você porque o público fará comentários e críticas.

A maioria dos filmes de sucesso é primeiro distribuída nos cinemas e, então, lançada em DVD, mas você distribuirá seus vídeos no YouTube.

ADQUIRA SUAS FERRAMENTAS

Um produtor profissional pode gastar uma fortuna em ferramentas. Contudo, para começar, você só precisa das básicas e a maioria não é tão cara:

» **Câmera de vídeo:** Sem uma câmera de vídeo, não há vídeo. Uma câmera de vídeo captura a imagem e o áudio e armazena-os em um cartão de memória, disco rígido ou fita. Você pode ler mais sobre as câmeras na próxima seção.

» **Microfone:** O microfone grava o som em um cartão de memória, disco rígido ou fita. O microfone pode ser embutido na câmera ou não (neste caso, é *externo*). O Projeto 2 fala mais sobre como usar um microfone para o áudio.

» **Fonte de luz:** Seu público precisa ver os temas, portanto, a luz é bem importante. A fonte pode ser natural (como o sol) ou artificial (como uma lâmpada). O Projeto 2 ajuda com a iluminação.

COMO SUA CÂMERA FUNCIONA

Não se preocupe. Não vou chateá-lo com detalhes aqui —, mas é útil saber o básico.

Uma câmera de vídeo funciona de modo muito parecido com os olhos. Seus olhos veem as coisas como uma série de imagens paradas ou *quadros*. Então, seu cérebro as reúne tão rapidamente que parece um movimento suave — muito engenhoso, não é? A câmera faz algo muito parecido: ela captura o movimento em uma série de quadros ou imagens paradas.

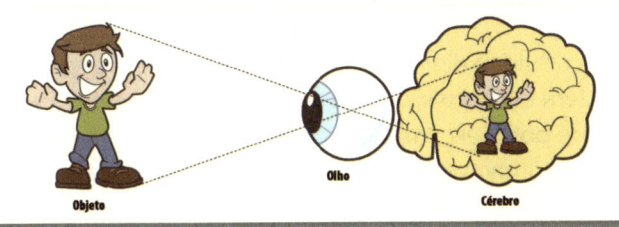

Objeto   Olho   Cérebro

Assim como os olhos, a câmera grava as imagens usando a luz da cena. A luz entra pela lente e as imagens vão para um microchip dentro da câmera de vídeo digital. Essas imagens passam para o cartão de memória ou fita.

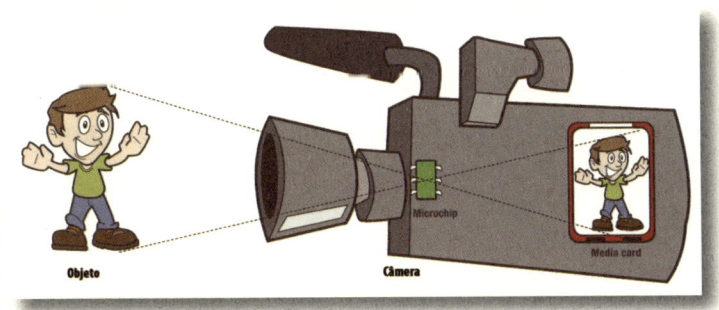

Objeto   Microchip   Câmera   Media card

» **Ferramenta de edição:** Uma ferramenta de edição é um programa de computador onde você importa o vídeo para dividi-lo e organizá-lo. O Projeto 3 é sobre a edição.

» **Tripé:** Um tripé é uma ótima ferramenta para manter a câmera firme em uma posição *fixa* (única). Pode ser usado para gravar suavemente temas em movimento da esquerda para a direita ou de cima para baixo.

» **Cartão de memória/fita:** É onde sua câmera armazena o vídeo.

» **Fones de ouvido:** Você pode conectar esse dispositivo a uma câmera de vídeo ou gravador de som externo para monitorar a *qualidade* do áudio. Não é bom?

ESCOLHA SUA CÂMERA

As câmeras de vídeo digitais facilitam a gravação e são menos caras. Elas têm tamanhos, qualidades e preços diferentes. Por cerca de $100,00, é possível comprar uma filmadora com HD compacto que grava um ótimo vídeo. Como você está iniciando, isso é bem razoável.

VERIFIQUE SUA TEMPERATURA

Isso pode parecer estranho, mas a luz tem cores diferentes. Uma vela tem uma aparência alaranjada e quente. Um céu azul-claro tem uma aparência mais fria. Você pode ajustar essa definição em sua câmera usando o balanço de branco ou simplesmente definindo sua câmera para o balanço de branco automático. Isso ajusta a temperatura da cor para que combine com a luz em sua cena.

DE VOLTA AOS VELHOS TEMPOS

As filmadoras tradicionais capturavam o filme como um conjunto de imagens paradas. As imagens ficavam na fita sensível à luz que passava pela câmera. Esse rolo de fita era caro e não era possível reutilizá-lo. Também era difícil de montar e verificar as cenas.

As câmeras de filme tradicionais criam o que chamo de aparência *cinematográfica*, o que torna a imagem mais suave do que é possível com uma câmera digital. Com as câmeras tradicionais, é possível, por exemplo, desfocar o segundo plano e fazer o tema se destacar. É mais difícil conseguir essa aparência cinematográfica com uma câmera de vídeo digital, especialmente com as filmadoras menos caras, que geralmente têm problemas com as áreas mais claras e escuras de uma cena e cujas imagens tendem a ser mais nítidas.

As câmeras *HD* (*alta definição*) têm imagens com melhor qualidade do que a antiga *definição padrão* (*SD*). A qualidade HD tem mais detalhes e cores mais brilhantes.

No outro extremo, você pode encontrar câmeras de vídeo que custam mais de $50.000. Os profissionais usam essas câmeras para fazer filmes de sucesso —, mas até estas têm desvantagens.

Como produtor, gosto de usar diferentes tipos de câmeras de vídeo digitais por motivos diversos. As seções a seguir descrevem os diferentes tipos de câmeras de vídeo digitais.

WEBCAMS

Uma *webcam* é conectada diretamente ao computador. Elas têm um bom preço, são fáceis de configurar e ótimas para gravar alguém falando com o computador. A maioria dos computadores de mesa e laptops vem com *webcams*.

Se você quiser gravar seu vídeo do YouTube usando uma *webcam*, mas seu computador não tem uma embutida, procure online ou em lojas. Os preços começam por volta de $20,00.

Eu uso uma *webcam* para gravar vlogs porque é simples de configurar. Fica fácil editar e transferir em pouco tempo.

CELULARES COM CÂMERA

Um celular com câmera é um telefone celular que captura imagens paradas e em movimento. Os telefones celulares são menores e mais leves, facilitando capturar o vídeo em espaços pequenos.

Os celulares com câmera não oferecem a melhor qualidade para imagem ou som, mas são ótimos para capturar um vídeo de modo simples e rápido.

ALGUMAS VEZES, UMA É MELHOR QUE DUAS

Durante anos, as câmeras usaram duas lentes — uma através da qual a foto era capturada no filme e outra que passava a imagem para o *visor* (que é por onde o fotógrafo olha). Essa abordagem tinha alguns problemas. Às vezes, os fotógrafos não obtinham as imagens que pensavam ter obtido. A câmera reflex com uma lente (e, mais tarde, a câmera reflex com uma lente digital ou DSLR) mudou isso: com uma lente, a imagem vista pelo visor é a mesma obtida nas fotos.

Como os celulares com câmera são perfeitos para capturar momentos aleatórios que você não consegue com uma câmera maior, eu os utilizo para capturar vídeos e imagens para projetos dos bastidores.

FILMADORAS

Uma *filmadora* é uma câmera de vídeo de mão projetada para gravar vídeo e áudio. Geralmente, as filmadoras têm lentes embutidas, o que torna a montagem e gravação mais rápidas e fáceis. Com o passar dos anos, ficaram mais baratas e oferecem a melhor qualidade de vídeo e som.

Existem muitos tipos de filmadoras, começando com a básica até as profissionais de radiodifusão. Você pode colocar as filmadoras em dois grupos: preço acessível e profissional.

Acho que as de preço acessível são o caminho a seguir!

FILMADORAS DE PREÇO ACESSÍVEL

A faixa de filmadoras com preço acessível oferece ótimos recursos e uma qualidade fantástica. A maioria das câmeras nesse grupo oferece funções "automáticas" como:

» Foco automático, que foca o tema, em vez do segundo plano;

» Detecção de rosto, que foca as pessoas na cena;

» Íris automática, que ajusta o brilho, dependendo da luz;

» Balanço de branco automático, que ajusta a temperatura da cor da imagem de vídeo.

As filmadoras nessa faixa são pequenas, leves e fáceis de trabalhar. São ótimas para fazer vídeos caseiros.

FILMADORAS PROFISSIONAIS

Acho que eu poderia chamar esta seção de "Filmadoras de preço inacessível". Os produtores profissionais precisam mais de suas câmeras do que a maioria dos meros mortais. Algumas vezes, os profissionais precisam assumir o controle manual e ignorar o cérebro da filmadora. Todos nós sabemos que as pessoas são mais espertas do que os computadores.

Quem usa essas coisas sofisticadas? As equipes que gravam notícias externas e as produtoras dos filmes que você verá no cinema.

Em geral, quanto mais você sobe na faixa das filmadoras profissionais, maiores ficam as câmeras e mais recursos manuais elas têm. As filmadoras maiores são pesadas! Nove quilos pode não parecer muito, mas fica difícil carregar esse peso por aí tentando segurar firme por um longo período de tempo.

CÂMERAS DE AÇÃO

Os fabricantes de câmeras estão colocando mais coisas em espaços menores. Isso nos leva às *câmeras de ação*, que são filmadoras muito pequenas e leves que você pode pendurar no corpo, no equipamento esportivo, bicicletas, carros e até no cachorro.

Com uma câmera de ação, você pode gravar vídeos que, de outra forma, seriam difíceis de conseguir. Por exemplo, um ciclista pode prender uma câmera de ação no capacete para gravar o que ele vê quando está pedalando. As câmeras de ação também podem ser presas em corredores, patinadores, paraquedistas e carros de corrida. O vídeos das câmeras de ação ajudam o público a sentir-se envolvido.

As câmeras de ação são um jeito ótimo e barato de capturar vídeos com alta qualidade. Você pode comprar uma a partir de $150.

Uma câmera de ação não tem o melhor som. Elas são para cenas nas quais você não precisa ou não se importa muito com o áudio.

CÂMERAS AÉREAS

As cenas gravadas do céu podem ser incríveis e estão sendo usadas com mais frequência em filmes e TV. Você pode conseguir um vídeo aéreo anexando câmeras a drones ou quadricópteros e ter uma gravação impressionante que não seria possível fazer do chão.

Antes de existirem drones e quadricópteros, o único modo de conseguir uma gravação aérea era colocar uma câmera em um helicóptero real. Isso não é barato. As câmeras aéreas oferecem o mesmo efeito por muito menos dinheiro.

Muitos drones e quadricópteros estão à venda nas lojas de câmeras e os preços começam em $150.

 *Em alguns lugares, você precisa de uma licença para usar um drone ou quadricóptero. Conheça as regras da região onde mora.*

VÍDEO DSLR

Basicamente, uma *câmera DSLR* é aquela que usa um espelho por trás da lente para refletir o que está acontecendo através da lente na ocular. DSLR é uma câmera de fotografia sem movimento que usa lentes removíveis e produz imagens surpreendentes. Nos últimos 10 anos ou mais, os fabricantes começaram a incluir uma função de vídeo em suas câmeras DSLR, que permite capturar belos vídeos também.

As câmeras DSLR são mais compactas do que algumas câmeras digitais, portanto, são ótimas se você está viajando ou fotografando em pequenos espaços.

O vídeo DSLR pode parecer muito *cinematográfico*, o que significa que parece mais com a qualidade vista em um filme de sucesso no cinema.

» Ele possui sensores maiores, que capturam mais da cena — mais luz e maior profundidade do campo. *Profundidade de campo* é a área de sua cena que está em foco. Uma profundidade de campo maior tem mais de sua cena em foco. Uma profundidade menor tem menos de sua cena em foco (portanto, a área atrás e na frente do tema podem parecer desfocadas).

» Permite lentes diferentes para que você possa ter várias cenas. As cenas diferentes são explicadas com mais detalhes no próximo projeto.

As DSLRs não são boas para gravar videoclipes longos. Elas podem superaquecer, portanto, têm um tempo de gravação limitado.

Gravar o som também não é fácil. O microfone embutido é regular, na melhor das hipóteses. A câmera faz bastante barulho enquanto você está gravando; o único modo de conectar um microfone externo é com um miniadaptador.

Usei câmeras DSLR para vídeo quando elas foram lançadas pela primeira vez e fiz muitos curtas com elas. O vídeo era ótimo, mas por causa das limitações da DSLR em relação ao som, eu gravava o som usando um dispositivo separado, depois, combinava-o com o vídeo, durante o processo de edição. Se você estiver trabalhando em um projeto grande, combinar o som assim pode demorar muito tempo.

CÂMERAS DE CINEMA DIGITAIS

As *câmeras de cinema digitais* são usadas para gravar projetos maiores e dão uma aparência mais cinematográfica. Como as filmadoras, as câmeras de cinema digitais ficaram cada vez mais acessíveis e menores. Há 50 anos, você precisava de um caminhão para carregar sua câmera de cinema e equipamento, mas agora ela pode caber em sua mochila.

É possível comprar uma câmera de cinema digital na maioria das grandes lojas de câmeras e elas podem custar mais que muitos carros.

Mesmo que elas possam caber em sua mochila, as câmeras de cinema digitais normalmente são maiores que a maioria das câmeras. Em geral, também são a opção mais cara: você compra o corpo da câmera, depois, compra os acessórios, incluindo lentes e monitores. Alguns desses acessórios custam tanto quanto o corpo da câmera.

As câmeras de cinema tendem a ter mais definições manuais e podem ser complicadas de configurar. Por isso, eu uso minha câmera de cinema principalmente para dramas e projetos que faço para negócios.

PROJETO 2 GRAVAR

PREPARE-SE ANTES DE APERTAR O BOTÃO PARA GRAVAR. Uma boa preparação facilita muito as outras etapas. Você se prepara escolhendo um estilo, criando uma ideia e planejando as cenas.

Está pronto?

ESCOLHA UM ESTILO

Uma ideia. Um tema.

Sobre o que você deseja fazer um vídeo? O que deseja que ele faça? Dar forma a uma ideia pode ser uma das partes mais difíceis de se fazer vídeos, mas pode ser a mais empolgante também.

Agora é hora de decidir sobre o tipo ou o estilo. Você poderia escolher algum destes tipos populares:

» **Manuais ou tutoriais.** Se você tem alguma habilidade que gostaria de mostrar, pode criar um vídeo mostrando como fazer ou *tutorial*. Mostre às pessoas como tocar uma música no violão, fazer um cisne de origami ou uma maquiagem. Nada está fora do limite aqui.

» **Jogos ou como jogar.** Se você gosta de algum jogo e deseja mostrar às outras pessoas o quanto é bom (ou ruim) jogando, crie um vídeo do tipo como jogar. Talvez você tenha algumas dicas que deseja compartilhar?

Gravar um jogo ou um vídeo do tipo 'como jogar' significa que você precisa conseguir gravar e captar o vídeo do jogo e enviá-lo para uma ferramenta de edição. Se você for um usuário Mac, poderá usar a função de gravação de tela no QuickTime player. Se for um usuário PC, pode baixar uma ferramenta de captura de tela gratuita em www.ezvid.com (conteúdo em inglês).

» **Crítica.** Esta é uma ótima maneira de informar ao seu público do YouTube o que você pensa ou como se sente. Você pode criticar uma câmera comprada, um filme ao qual assistiu ou um local que visitou. Até uma receita que experimentou! Você pode incluir fotos e videoclipes do produto que está criticando.

» **Diversão.** Provavelmente você viu muitos vídeos divertidos de animais no YouTube, especialmente com gatos. Gatos em caixas, gatos fazendo *selfies*, gatos cochilando e muitos, muitos gatos.

PRIMEIRO, PEÇA PERMISSÃO

Conseguir permissão para gravar as pessoas é muito importante. Você não quer que alguém que filmou mude de ideia e peça para ser retirado — especialmente depois de ter terminado de editar e transferir o filme para o YouTube. Para evitar o problema, peça às pessoas em seu filme que preencham um *formulário de autorização*. Assinando o formulário, a pessoa concorda que você pode usar sua imagem no filme. Depois de assinar a autorização, ela abre mão do direito de mudar de ideia depois.

Normalmente, as pessoas gravam vídeos com celulares com câmera e, em geral, são eventos que não podem ser repetidos. Seu bichinho de estimação faz algo divertido?

» **Curtas.** Se você deseja criar um vídeo que tem uma história e quer trabalhar com atores e criar roteiros, então, então fazer um curta pode ser uma boa ideia. Seu filme pode ser de *ficção* (inventado) ou *não ficção* (verdadeiro). Para os curtas, é melhor usar uma filmadora.

» **Vlogs.** Se você deseja conversar com o público sobre um assunto interessante ou se tem uma opinião sobre algo, crie um blog de vídeo (também conhecido como *vlog*). Os vlogs são como diários em vídeo e, geralmente, são gravados com webcams ou dispositivos de gravação menores.

Como você pode fazer seu vídeo se destacar? Como seu vídeo será diferente?

PENSE EM UMA IDEIA

Dar forma a uma ideia pode ser a parte mais difícil de fazer um vídeo —, mas pode ser a mais empolgante também. Passei dias, semanas e até meses pensando em ideias para filmes. Estava dirigindo meu carro ou lavando os pratos quando uma ideia surgiu.

Quando você tiver decidido sobre um estilo, decida *sobre* o que é seu vídeo.

Pense nessas perguntas ao desenvolver uma ideia:

» **O que seu público deseja?** Quem *é* seu público? O que ele quer? Não pense apenas sobre o que deseja fazer ou o que *você* acha que dará certo. Pergunte ao público — as pessoas que você sabe que assistem a seu tipo de vídeo. O que elas gostariam de ver? Alguém pode dar a semente de uma ideia que você poderia ajudar a transformar em algo incrível.

» **Quais histórias existem por aí?** Muitos filmes e vídeos são baseados em histórias verdadeiras. Você ou alguém que você conhece tem uma história que vale a pena contar? Pergunte. Veja o que consegue encontrar. A maioria dos filmes que escrevi é baseada em coisas que aconteceram comigo ou com pessoas que conheço. Se você não conseguir encontrar uma história entre as pessoas que conhece, leia alguns livros de contos; eles podem inspirá-lo.

» **O que é possível?** Contar histórias sobre alienígenas, monstros e planetas longínquos pode ser bom se você tiver uma nave espacial — mas que tipos de histórias você pode gravar com os locais e acessórios que tem? Para ter inspiração, dê uma olhada em volta e veja o que está disponível.

E mais, pense em quem pode ajudar a fazer o vídeo: quem vai atuar? Quem vai segurar o suporte do microfone? Tudo bem pedir a alguém para ajudar a escrever ou dar ideias. Tenho escrito muitos filmes com um parceiro, o que é ótimo: um de nós tem a ideia, o outro acrescenta mais ideias, e a história é construída a partir daí.

» **Existe ideia ruim?** Não. Não existe. Anote toda ideia que tiver. Qualquer ideia pode se tornar algo ótimo. Você pode anotar muitas ideias que não usará por enquanto, mas nunca é ruim ter mais do que você precisa. Qualquer ideia inútil para o projeto atual pode ser uma boa inspiração para a próxima história.

ESTRUTURE SEU VÍDEO

Ao planejar seu vídeo do YouTube, pode ser útil criar uma *estrutura*.

Toda história boa, em todo vídeo bom, deve ter um bom começo, meio e fim. Isto se aplica a todos os estilos de vídeo, inclusive vlogs e tutoriais.

Pense no seguinte quando estiver estruturando seu vídeo.

» **Introdução:** Esta é uma parte importante de seu vídeo. É quando seu público decide continuar assistindo (ou se cai fora e faz outra coisa). Sua introdução deve *cativar* o público — prender sua atenção — e fazer com que queira continuar assistindo. Ele deve introduzir seu assunto ou tema e seus personagens.

» **Final:** É onde você deixa o público, o que também é muito importante. No final do vídeo, seu público formará opiniões. Você quer que as pessoas assistam a ponto de dizerem para outra pessoa: "Foi bom!" ou "Foi divertido". Para obter essa reação, verifique se você ofereceu o que prometeu no título ou na introdução. Seu público aprendeu algo? Riu? Conseguiu se divertir? Seu final pode incluir um agradecimento para o fato de o público ter assistido. Você também pode pedir que ele assista a seus outros vídeos, comente ou assine seu canal no YouTube.

» **Personagens:** Todo vídeo tem personagens, sejam eles reais ou inventados. Se seu vídeo usa atores para representar os personagens, pense em criar um perfil para cada personagem.

Um perfil do personagem descreve os personagens em seu vídeo. Ele é calmo, divertido, perverso? É inteligente, nervoso, alegre? Um perfil do personagem ajuda os atores a saberem como representar os personagens.

» **Emoções:** O público gosta de sentir emoções. Se você puder fazer seu público rir, chorar ou pular, venceu uma grande batalha. Pense em seu filme favorito. O que o torna o favorito? É porque ele faz você se sentir contente ou triste? É isso que você deseja que o público pense sobre o vídeo.

Assista a outros vídeos no YouTube. O que funciona bem? O que fez você sorrir ou chorar? Como foi a introdução e o final do vídeo?

ROTEIRO DO VÍDEO

Adoro escrever roteiros porque é o momento em que o vídeo começa a ganhar vida. Dependendo do estilo escolhido, é uma boa ideia escrever um roteiro para explicar cada cena e criar o *diálogo* (as falas dos atores).

Você pode ver como escrevi e organizei meu roteiro.

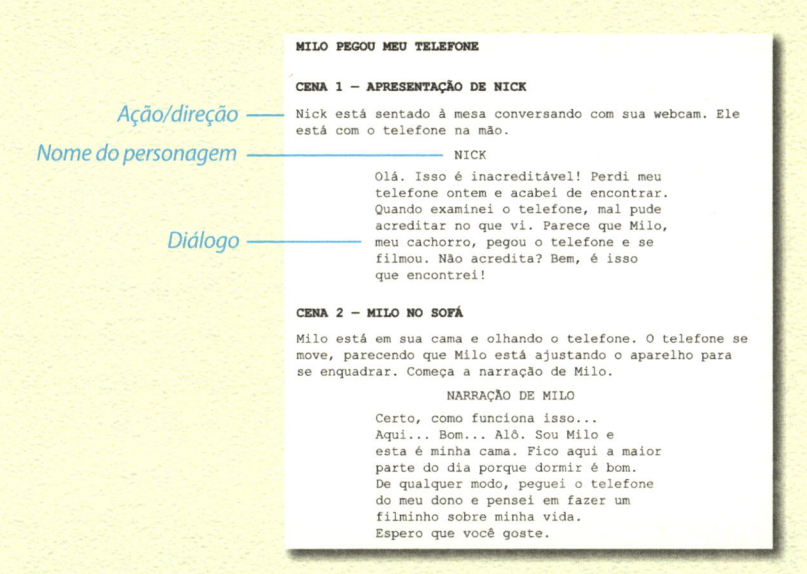

Ação/direção

Nome do personagem

Diálogo

MILO PEGOU MEU TELEFONE

CENA 1 — APRESENTAÇÃO DE NICK

Nick está sentado à mesa conversando com sua webcam. Ele está com o telefone na mão.

NICK

Olá. Isso é inacreditável! Perdi meu telefone ontem e acabei de encontrar. Quando examinei o telefone, mal pude acreditar no que vi. Parece que Milo, meu cachorro, pegou o telefone e se filmou. Não acredita? Bem, é isso que encontrei!

CENA 2 — MILO NO SOFÁ

Milo está em sua cama e olhando o telefone. O telefone se move, parecendo que Milo está ajustando o aparelho para se enquadrar. Começa a narração de Milo.

NARRAÇÃO DE MILO

Certo, como funciona isso... Aqui... Bom... Alô. Sou Milo e esta é minha cama. Fico aqui a maior parte do dia porque dormir é bom. De qualquer modo, peguei o telefone do meu dono e pensei em fazer um filminho sobre minha vida. Espero que você goste.

Se você planeja criar um curta usando uma história e falas para seus atores, é bom escrever um roteiro. Ele deve ter as seguintes partes:

» **Ação/direção.** São as descrições de qualquer coisa que acontece na tela além do diálogo dos personagens. Você também pode incluir informações da cena e notas para a gravação. A ação e a direção podem explicar como um ator se comporta ou representa seu personagem em uma cena. Um exemplo de ação e direção aparece abaixo do primeiro cabeçalho da cena, onde informa: *"Nick is sitting at his desk talking to his webcam"* (Nick está sentado à mesa conversando com sua webcam).

» **Nomes do personagem.** Insira o nome de um personagem antes de suas falas para que os atores saibam quem está falando.

» **Diálogo.** São as palavras que você fala ou que seus personagens falam. Torne-as o mais natural possível. Por exemplo, na vida real você diria: "Sinto muito, não posso vir hoje à noite". A menos que você seja uma pessoa superformal, não diria: "Sinto muito não poder vir hoje à noite".

Usar um software de roteiro torna a escrita mais fácil e rápida. Ele tem *modelos* (já com espaços) para organizar a ação, nomes do personagem e diálogo. Isso facilita a leitura.

Eu uso um software chamado Celtx, que você pode baixar gratuitamente em www.celtx.com (conteúdo em inglês). Existem muitas outras ferramentas disponíveis para escrever roteiros ou você pode simplesmente usar algo como o Word.

Você não precisa escrever um roteiro completo para seu vlog ou tutorial, mas fazer uma lista dos pontos sobre os quais deseja falar ajuda.

É importante planejar o que vai dizer, mesmo que esteja fazendo um vlog ou tutorial.

ESCREVA UM DIÁLOGO

Diálogo é simplesmente uma conversa entre os personagens.

O segredo de um bom diálogo é fazer com que pareça natural. Imagine o que você diria se fosse o personagem. E você não precisa usar o diálogo para explicar tudo. Use expressões faciais, linguagem corporal ou ações para contar a história.

Leia seu diálogo em voz alta. Se você tropeçar em uma palavra ou se uma fala for difícil de ler, procure um modo mais fácil de dizer.

O diálogo sempre pode mudar; seus atores podem dizer a mesma coisa de um jeito próprio. Sem problemas, contanto que o significado não mude.

Se você tiver problemas para pensar sobre o que escrever, tente representar sua cena ou ler em voz alta o que já escreveu. Você também pode pedir a um amigo para ajudar a escrever o diálogo para seu vídeo do YouTube.

FAÇA UMA LISTA DE CENAS

Criar uma lista de cenas é uma das melhores coisas que você pode fazer para preparar a gravação. Antes de gravar qualquer coisa, liste as cenas que deseja capturar. Uma *lista de cenas* ajuda a

» Controlar o que você gravou;

» Planejar o local, objetos cênicos e atores para cada cena.

Você pode usar o mesmo local mais de uma vez, mas em pontos diferentes em seu vídeo. Por exemplo, talvez você esteja em um parque no começo e no final do vídeo. Em vez de gravar essas cenas em dias diferentes, grave-as no mesmo dia.

Você pode baixar uma versão em branco dessa lista de cenas para seu próprio vídeo em www.altabooks.com.br. Procure pelo título do livro.

Lista de Cenas

Título da Produção: 'MILO PEGOU MEU TELEFONE'

Tomada Nº	Cena Nº	Tipo de Tomada	Movimento da Câmera	Descrição
1	1	PLANO MÉDIO	FIXO	TOMADA COM WEBCAM DE NICK À MESA
2	6	PLANO MÉDIO	FIXO	TOMADA COM WEBCAM DE NICK À MESA
3	2	PLANO FECHADO	NA MÃO	MOVIMENTO PARA VER COMO MILO ESTÁ SEGURANDO A CÂMERA
4	3	PLANO FECHADO	NA MÃO	MOVIMENTO, INCLUSIVE ELEVANDO PARA VER NICK (SEM OLHAR PARA A CÂMERA)
5	4	PLANO MÉDIO	NA MÃO	PONTO DE VISTA DE MILO DA COMIDA
6	4	PLANO FECHADO	NA MÃO	MOVIMENTO PARA VER COMO MILO ESTÁ SEGURANDO A CÂMERA
7	5	PLANO FECHADO	NA MÃO	MOVIMENTO PARA VER COMO MILO ESTÁ SEGURANDO A CÂMERA

Uma lista de cenas tem as seguintes informações:

» **Número da tomada** é a ordem de gravação das tomadas. Por exemplo, a primeira tomada que você deseja gravar é a tomada 1, a segunda é a tomada 2 e a terceira é … você entendeu.

» **Número da cena** mostra a cena à qual a tomada pertence. Normalmente, você usa isso ao se referir a um roteiro de um filme com mais de uma cena. Pode ser que você não precise dos números de cena se estiver gravando um vlog ou vídeo do tipo tutorial. A cena 1 em meu vídeo foi filmada usando minha webcam em meu estúdio e filmei a cena 2, Milo em sua cama, com meu iPhone.

Um filme é dividido em cenas, que são uma série de tomadas filmadas em um local. Assim que o local muda, a cena muda.

» **Tipo de tomada** é a proximidade com a qual você gostaria de capturar os atores. Por exemplo, você quer um plano geral, um plano médio ou de perto? Explico isto na próxima seção.

» **Movimento da câmera** é onde você escolhe uma posição de câmera fixa ou em movimento. Isto será explicado com mais detalhes posteriormente neste projeto.

» **Descrição da tomada** é onde você explica como a tomada deve ser, com qualquer anotação para lembrar ao gravar. Você pode escrever notas sobre o tipo de movimento da câmera ou algo que deseja que os atores façam.

ESCOLHA UM ENQUADRAMENTO

Escolher um enquadramento refere-se a como sua imagem aparecerá na tela da câmera ou no visor. Ao *enquadrar uma tomada*, você escolhe o que seu público verá ao assistir ao vídeo.

Reserve um tempo para escolher suas tomadas antes de gravar qualquer coisa. Isso economiza tempo no dia da gravação porque você pode dar prosseguimento à cena, em vez de decidir quais tomadas usar.

» Alguns produtores escolhem as tomadas e seus enquadramentos antes de gravar;

» Alguns produtores escolhem os enquadramentos quando estão criando uma lista de tomadas, que vem depois de escrever o roteiro;

» Alguns produtores escolhem as tomadas no dia em que gravam, mesmo que haja vantagens ao escolher com antecedência.

Recomendo escolher suas tomadas antes de gravar. É menos estressante e os resultados costumam ser melhores.

Você tem muitas tomadas para escolher. Nas seções a seguir, explico os diferentes tipos e quando usá-los.

PLANO GERAL

Um *plano geral*, também conhecido como *tomada ampla*, mostra mais da cena que você está gravando ao público. Faça isso com o zoom em sua câmera ou movendo a câmera para longe do tema ou do personagem.

Alguns produtores gostam de iniciar as cenas com um plano geral. Esse *plano de ambientação* mostra mais do local ou dos personagens.

Você pode ver que essa cena está enquadrada de modo que a linha horizontal segue a linha onde a grama se encontra com as árvores.

Imagine que você queira que o público saiba que seus personagens estão em uma praia. Você pode começar com um plano geral mostrando os personagens, o céu, o mar e a areia. Com sorte, nenhum tubarão. Imediatamente o público saberá onde os personagens estão.

Quando você estiver enquadrando uma tomada, preste atenção em qualquer linha reta que puder encontrar, horizontal (de um lado ao outro) ou vertical (de cima para baixo), na cena. Use essas linhas para manter o enquadramento reto.

Quando você deve usar um plano geral? Use-o em um curta para mostrar ao público a cena inteira ou quando estiver gravando um vídeo divertido estrelando seu animal de estimação.

PLANO MÉDIO

O *plano médio*, ou *tomada média*, enquadra os personagens desde um espaço acima de suas cabeças até mais ou menos a metade (meio) de seus corpos.

Essa tomada é a mais comum na TV, cinema e YouTube porque mostra os movimentos das mãos, gestos e expressões faciais. Você quer capturar isso.

O plano médio é muito usado em vlogs, críticas e tutoriais porque foca a atenção do público na metade superior do corpo.

» Uma *tomada dupla* é um plano médio usado para gravar duas pessoas juntas. Uma tomada dupla costuma ser usada na TV quando dois apresentadores promovem um show. Você poderá experimentar em seus vídeos do YouTube se tiver dois personagens lado a lado ou um de frente para o outro;

» As *tomadas acima do ombro* são ótimas para conversas entre os personagens que estão de frente um para o outro. Com uma tomada acima do ombro, você vê os dois personagens ao mesmo tempo, mas apenas um encara a câmera.

Gosto de usar as tomadas acima do ombro porque permitem ver as expressões no rosto de um personagem. Como o personagem está de frente para o visor, essas cenas podem fazer o público sentir que faz parte da conversa.

Você poderá usar uma tomada acima do ombro em seu vídeo do YouTube se estiver entrevistando alguém ou se alguém no curta estiver conversando.

Com as tomadas acima do ombro, é comum que os atores olhem para a câmera. Isso pode distrair o público. Afaste a câmera do ator e, então, use o zoom com a lente.

Quando você deve usar um plano médio? Quando estiver gravando a si mesmo e falando sobre um assunto interessante ou fazendo uma entrevista ou vlog. Eu uso minha webcam para capturar um plano médio de mim mesmo apresentando meu vídeo do YouTube sobre Milo.

PLANO FECHADO

Trazer a câmera para mais perto ou usar o zoom no tema ou personagem cria um plano fechado *(ou close-up)*.

» Um *corte* é um plano fechado usado para mostrar o detalhe em um objeto ou parte do tema que você já pode ter visto na cena principal — como uma aproximação das mãos de um ator ou de algo que ele está segurando;

A cena no topo da página seguinte mostra uma tomada de corte de um personagem passando uma chave para o outro. Na cena, é importante que o público veja a chave sendo passada de um personagem para outro;

» Em um *plano detalhe*, a câmera fica ainda mais próxima de seu personagem (bem em sua cara!) ou tema para mostrar ainda mais uma emoção forte ou detalhe. Se você quiser que o público saiba que o personagem está realmente zangado — muito nervoso —, poderá usar um plano detalhe do rosto do ator para mostrar a raiva em seus olhos.

Quando você deve usar uma tomada de perto? Que tal usar uma tomada de corte quando estiver gravando um vídeo do tipo tutorial? Ou quando quiser mostrar as expressões faciais de um personagem para ajudar a mostrar emoções. Você pode usar uma tomada de perto para qualquer tomada que requeira mais detalhes. Por exemplo, se quiser mostrar o objeto na mão de seu personagem, use um corte para uma tomada de perto desse objeto.

ESCOLHA ENTRE MOVIMENTO OU FIXO

Além de escolher como enquadrar o tema, pense se você vai montar a câmera em uma posição fixa ou movê-la.

É incrível como pouco movimento da câmera pode fazer uma cena ficar mais interessante e ajuda a criar emoções.

» **Posição da câmera fixa** é quando sua câmera está presa em um lugar, sem nenhum movimento. Normalmente, para isso, você usa um tripé. (Veja a seção "Fixo é assim! Usando um tripé" para saber mais.) Porém, se você estiver criando um tutorial ou vlog, é melhor usar uma posição de câmera fixa com uma webcam.

» **Câmera em movimento** significa que você move a câmera durante a tomada. Poderia ser na mão ou em um tripé. Se você estiver gravando seu animal de estimação fazendo algo engraçado, poderá segui-lo usando uma filmadora.

FIXO É ASSIM!
USANDO UM TRIPÉ

Um tripé é uma ótima ferramenta para

» Manter suas tomadas estáveis

» Tirar o peso da câmera do operador

» Adicionar um movimento suave às cenas

Gosto de gravar algumas tomadas em um tripé e outras na mão porque posso mudar a sensação durante o vídeo. O que você escolhe depende do sentimento que deseja. Use um tripé se quiser dar à cena uma sensação calma ou relaxada ou se quiser que o público foque nos atores.

Você *pode* adicionar movimento às cenas com um tripé:

As *tomadas panorâmicas* movem sua câmera na horizontal em um tripé, da direita para a esquerda (ou da esquerda para a direita). Não use demais o panorama em uma tomada. Pode confundir o público ou deixá-lo desconfortável. Não use mais de um panorama por tomada, se precisar de algum.

As *tomadas inclinadas* movem sua câmera na vertical (para cima ou para baixo). Você pode querer uma cena inclinada no início para *estabelecer* ou definir o local. Cenas inclinadas demais podem ser desconfortáveis também. Apenas uma por cena.

Você pode ver exemplos de cenas inclinadas e panorâmicas em www.dummies.com/go/ makingyoutubevideos (conteúdo em inglês).

Gravar um vídeo inteiro com uma câmera de mão (em movimento) pode ser desconfortável para o operador de câmera. Antes de escolher essa abordagem, certifique-se de que ela combina com o estilo e o clima do vídeo.

O que eu adoro na arte de gravar é que você pode usar tipos de tomadas diferentes em uma cena. Um público de teatro só pode assistir ao que acontece no palco a partir de um ângulo. Quando se está assistindo a um filme, o público pode ver um plano geral, ficar mais próximo com um plano médio para ver um diálogo, depois, aumentar o zoom até ter um a tomada de perto.

GRAVE O SOM

Para gravar o som, você deve usar um microfone. Um *microfone* reconhece o ruído e transforma o som em dados, que são captados por sua câmera. Você pode usar o microfone embutido na câmera ou conectar um microfone externo a ela.

A qualidade — o quanto algo é bom — do som do vídeo pode ser tão importante quanto a imagem. Um som ruim pode distrair e fazer o público decidir não assistir ao vídeo.

Passe tanto tempo corrigindo o som do vídeo quanto você passa corrigindo a imagem. Você vai economizar tempo na edição posteriormente.

Usar uma ferramenta de edição para corrigir um som ruim é muito difícil e, em alguns casos, impossível. Se o som for ruim ou houver um ruído impossível de remover, você terá que regravar o som.

TODOS A BORDO COM O INTEGRADO

Um microfone integrado pode ser útil quando você não tem espaço para um microfone externo. Há alguns anos, filmei um documentário em Gana e tudo o que levei comigo foi uma filmadora e o microfone integrado. Não podia usar um microfone externo porque eu era o único membro da equipe de filmagem e tinha que colocar todo

meu equipamento em uma pequena bagagem de mão. Foi uma experiência desafiadora, mas me ensinou muito sobre gravar com microfones integrados.

Tive que fazer isso algumas vezes por causa dos ruídos que não notei ao gravar. Um apito de trem alto em um diálogo também não funciona.

MICROFONE EMBUTIDO

Como você pode ter que usar um microfone embutido, explico como conseguir os melhores resultados com um.

Praticamente todas as filmadoras digitais e webcams têm um microfone embutido chamado microfone integrado. Eles não são a melhor solução para gravar o áudio ou o diálogo nos vídeos.

Gravar o som com o microfone integrado em sua câmera não é fácil, mas tente usar as seguintes técnicas para conseguir o melhor som.

FIQUE PERTO

Algumas vezes não é possível, especialmente se estiver gravando um plano geral, mas você pode conseguir usar o som que gravou na tomada de perto ou no plano médio a partir da mesma cena.

Você pode aumentar o nível do microfone integrado, mas isso aumenta o volume geral, inclusive o ruído de fundo.

REDUZA O RUÍDO DA CÂMERA

Com a gravação do som integrado, provavelmente você vai captar o ruído da própria câmera. Tal ruído pode ser dos componentes eletrônicos dentro da câmera, sobretudo, ao ampliar ou reduzir o zoom, ou pode vir dos sons que você faz ao pressionar os botões.

Se você estiver usando o microfone embutido na câmera, tente não mover demais as mãos ou pressionar os botões ao gravar. Montar a câmera em um tripé significa que você não tem que segurar nem tocar na câmera quando ela está gravando, o que ajuda a reduzir os ruídos.

REDUZA O RUÍDO DE FUNDO

Não é fácil controlar os ruídos à sua volta, especialmente se você estiver gravando em um local público, como um parque ou na rua. Os grandes diretores de cinema podem fechar as estradas, mas você não. Quero dizer, acho que não.

Antes de começar a gravar, peça às pessoas à sua volta para ficarem em silêncio por alguns minutos para que você possa ouvir os ruídos de fundo. Peça às pessoas para ficarem paradas também. Até os passos leves podem ser captados. Outro ruído pode vir dos celulares, telefones fixos, vizinhos, animais de estimação, relógios e carros passando.

Esse problema pode ser eliminado se estiver gravando um vlog ou fazendo um vídeo de crítica em seu quarto, mas é bom avisar às pessoas em sua casa que está gravando.

MICROFONE EXTERNO

Gravar o som com um microfone externo pode significar resultados melhores que um microfone integrado. Você pode colocar sua câmera em um ponto e, então, aproximar-se do tema ou personagem para gravar o som. Desta maneira, o ruído indesejado de fundo também fica reduzido.

Para usar um microfone externo ao gravar, faça com que um membro extra da equipe segure o microfone e preste atenção no som durante a gravação. Esse membro extra é o *operador de som* ou *operador de boom*.

O microfone externo normalmente é anexado a um *boom* (um tipo de suporte), que permite ao operador aproximar o microfone do tema ou do ator sem estar na cena.

O operador de som deve conseguir segurar o boom por um longo período de tempo sem soltá-lo. Se o braço do operador ficar cansado, o microfone pode aparecer na tomada.

Peça ao operador de som para manter as mãos paradas ao segurar o boom durante a gravação. O microfone pode captar qualquer batidinha ou movimento no suporte.

Algumas câmeras de vídeo têm um soquete no corpo da câmera — uma ==minientrada ou um soquete XLR== — onde você conecta um microfone externo.

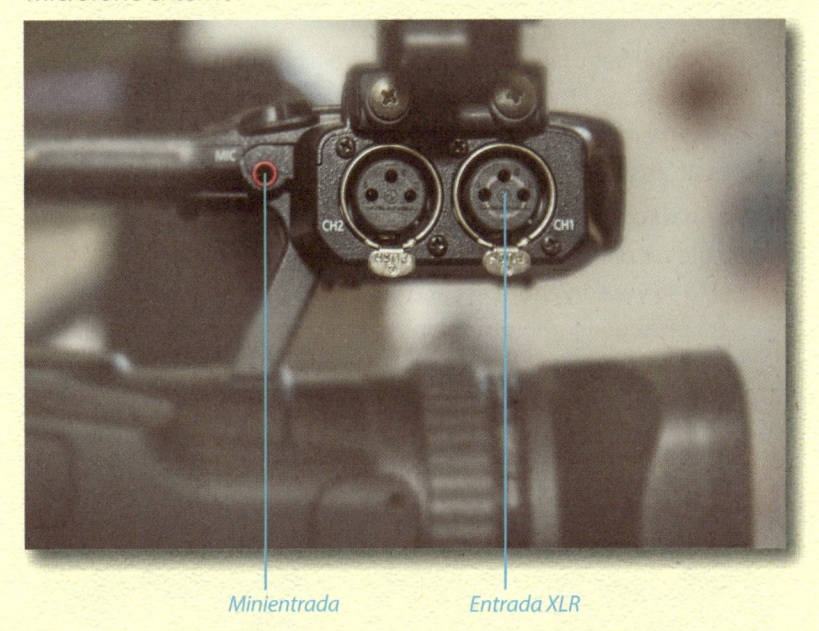

Minientrada   Entrada XLR

Quando você estiver gravando com um microfone externo, tente usar as técnicas a seguir para conseguir um som melhor.

APONTE O MICROFONE NA DIREÇÃO DO SOM

Normalmente, os microfones externos são *direcionais*, significando que eles captam o som diretamente na frente, mas não nas laterais ou por trás. Isso é bom porque eles gravarão menos ruído de fundo.

Com os microfones externos, é importante apontá-los para a origem do som. Se o microfone estiver apontando para longe da ação, ele não gravará o som desejado.

POSICIONE O MICROFONE EXTERNO CORRETAMENTE

Você pode posicionar o microfone *acima* do tema ou *abaixo* dele. A melhor posição depende do que você está gravando:

» **Por cima:** Segurar o microfone sobre a cena é a abordagem mais comum. Os microfones por cima são melhores para as cenas mais gerais e não captam os ruídos das mãos ou pés dos atores.

» **Por baixo:** Gravar o som por baixo é usado principalmente ao gravar planos médios ou tomadas de perto. Grave por baixo se você tiver um espaço limitado acima dos atores ou para proteger o microfone dos ventos fortes externos.

EVITE QUE O BOOM INVADA A CENA

Um boom externo pode ser pesado — sobretudo se você tiver que segurá-lo durante uma cena longa. Algumas vezes, o microfone pode invadir uma tomada, o que significa que você terá que parar de gravar.

Cuidado para que o boom não invada a cena.

Para evitar que um microfone apareça nas cenas, peça ao operador de microfone que descanse entre as tomadas. Quando você não estiver gravando, o operador pode apoiar o cabo do boom no chão — a extremidade inferior do suporte.

Não coloque o microfone no chão! Ele pode ser danificado.

USANDO UM MICROFONE PARA DIÁLOGOS

O segredo para gravar um diálogo: coloque o microfone o mais perto possível do ator (sem que apareça na tomada) e aponte o microfone na direção do som.

A melhor maneira de ouvir ruídos indesejados é usando fones de ouvido. Sem os fones, você provavelmente não ouvirá o ruído até que esteja importando o filme para a ferramenta de edição. Se um som aparecer no fundo em uma tomada e não na próxima, ficará desigual entre as cenas. Seu público notará.

Se você ouvir um ruído que atrapalha — um avião, uma rajada de vento ou um carro passando — nos fones de ouvido quando estiver gravando, pare de gravar. Espere o som terminar, em seguida, retome a tomada.

Eis algumas maneiras de evitar os ruídos indesejados durante a filmagem:

» **Desligue qualquer ar-condicionado ou ventilador.** Os microfones podem captar os ruídos que, algumas vezes, você não consegue ouvir quando está gravando.

» **Verifique se todos os celulares estão desligados.** Se você receber uma ligação, a gravação terá que parar. Algumas vezes, um celular em roaming ou buscando sinal pode interferir na câmera e acabar com o áudio gravado.

» **Não aponte o microfone na direção de nenhum ruído claro de fundo.** Isso inclui estradas, cachoeiras e fontes. Novamente, esses sons podem entrar claramente na gravação e dificultar que você o diálogo.

» **Não grave em cômodos vazios.** Você acabará com muitos ecos na gravação. (Mas você pode *querer* ecos no filme.) Coloque cobertores nas paredes para ajudar a abafar o som.

LIDE COM O VENTO

Os operadores de microfone geralmente têm problemas com o vento nas áreas externas. Não *qualquer* vento —, mas o tipo de vento a céu aberto!

Quando você está gravando ao ar livre, o microfone pode captar o ruído do vento, deixando o diálogo difícil de ouvir. Se você não souber ao certo como é o som, tente soprar gentilmente no microfone da câmera e ouvir no fone de ouvido — não é um som bonito.

O ruído do vento só pode ser realmente detectado usando fones de ouvido durante a gravação.

Se você puder ouvir o ruído do vento ao gravar, então, precisará de um protetor. Um *protetor* é uma cobertura peluda que fica sobre o microfone para protegê-lo do vento. Você também pode ter protetores para os microfones integrados nas câmeras de vídeo.

Existem tipos diferentes de protetores para os microfones. (Você pode ver porque são chamados de *gato morto* às vezes.)

Veja como são os microfones externos sem os protetores.

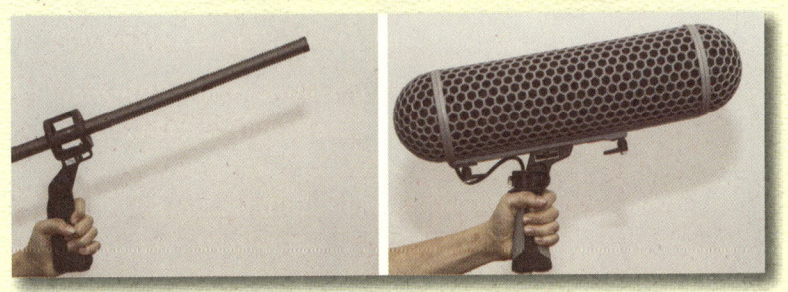

Se você ainda tiver ruído do vento ao gravar, tente colocar o suporte vindo de baixo ou formar uma barreira entre o vento e o microfone.

MONITORE O SOM

Monitorar o som é quando você ouve o que está sendo gravado *durante* a gravação. *Verificar* o som é quando você ouve o som ao assistir ao filme *depois* de gravar.

Não importa o tipo de microfone que você está usando, o importante mesmo é monitorar (prestar atenção) e verificar a qualidade do som para ver se você captou qualquer ruído indesejado ou teve problemas.

A melhor maneira de fazer isso é com fones de ouvido conectados em sua câmera ou dispositivo de gravação. É ainda melhor pedir a alguém para ouvir ou monitorar o som durante a gravação. Assim, você pode lidar com os ruídos indesejados ou resolver o problema imediatamente.

A maioria das filmadoras tem *audiômetros*, que permitem ver a altura do som. Normalmente, os audiômetros ficam no monitor LCD em sua filmadora. Você pode usar o audiômetro para verificar os níveis do som antes de gravar — verifique se o som que está gravando não está tão alto a ponto de distorcer nem não tão baixo a ponto de o público não conseguir ouvir o diálogo.

Algumas filmadoras permitem mudar os níveis do microfone, mas outras fazem isso automaticamente. De qualquer modo, monitore os níveis do áudio antes e durante a gravação.

LEMBRE-SE

Antes de gravar, peça aos atores para dizerem algumas falas o mais alto que puderem quando você estiver gravando. As barras não devem ter um pico constante (atingir a extremidade do audiômetro, que geralmente é vermelha). Se uma medição atingir essa marca, os níveis do áudio estão altos demais.

Pico: zona de perigo

Se, por outro lado, os níveis do áudio estiverem baixos demais, então, as barras do audiômetro não subirão muito.

Não se preocupe se sua câmera não tiver audiômetro. Nesse caso, você sempre pode ouvir para saber se o áudio está alto ou baixo demais. Conectando fones de ouvido na câmera e ouvindo o diálogo, você conseguirá ouvir se o áudio está alto demais porque ele ficará distorcido e será desconfortável de ouvir. Por outro lado, se você mal conseguir ouvir o que o ator está dizendo, então, precisará aumentar o volume do microfone, aproximar o microfone do ator ou pedir que ele fale mais alto.

ILUMINE SEU VÍDEO

A luz é importante para seu vídeo do YouTube. Sem luz, seu público não conseguirá ver o que você gravou. A luz também pode ajudar a criar um clima ou afetar as sensações do público. Por exemplo, as cenas mais escuras podem parecer assustadoras ou tristes.

As câmeras de vídeo precisam de mais luz que nossos olhos. A maioria dos produtores usa luzes extras para ajudar a iluminar os atores.

USE LUZ NATURAL

Comprar luzes para gravar pode ser caro, mas não se preocupe: você tem uma das maiores e mais poderosas fontes de luz de graça — o sol! A luz do sol realmente ilumina as coisas, mas, como você sabe, está disponível apenas durante o dia.

Se o céu tiver algumas nuvens (ou nenhuma) , você terá luz solar direta. Nesse caso, poderá ver mais sombras em torno e sobre seu tema ou ator. Você pode colocar o ator diretamente sob o sol, mas a luz brilhante pode fazer com que ele feche um pouco os olhos. Ou queime totalmente suas retinas.

Você pode retirar algumas sombras usando um refletor. Ele ajuda a refletir a luz para as áreas mais escuras. Os fotógrafos também os utilizam. Você pode ter visto um refletor em ação quando fez fotos na escola.

Você pode comprar um refletor ou pode usar qualquer coisa que tenha uma grande superfície branca, como um painel de poliestireno ou uma grande cartolina. Inclinando o refletor em direção ao tema ou ator, a superfície branca refletirá a luz do sol.

Não filme seus atores com o sol atrás deles.

A pessoa ficará sombreada e você pode ter *reflexos na lente*, que parecem manchas redondas ou listras na tomada. Algumas vezes, os reflexos na lente podem ser ótimos, mas também destacam qualquer sujeira ou mancha na lente da câmera. Um dia nublado traz menos problemas com sombras e reflexos na lente.

Você pode usar a luz do dia para ajudar a iluminar as cenas em um cômodo (contanto que o cômodo tenha janelas). A luz do dia que entra apenas pela janela pode adicionar sombras ao tema ou ator, mas você pode acender uma lâmpada ou iluminar o local.

USE LUZES EXTRAS

Você tem que usar luzes extras em qualquer lugar que está gravando sem a luz do sol. Se sua câmera estiver configurada para o automático e você estiver gravando uma cena com pouca luz, a qualidade da imagem será ruim. Você pode acabar com uma imagem *granulada*, com muitos pontos.

Isso pode ser ótimo em algumas tomadas, mas não é um efeito que você deseja ter por acaso.

Mesmo que seja um efeito que você esteja procurando, é melhor iluminar o vídeo o máximo possível e adicionar os efeitos depois, quando estiver editando.

Pode ser que você precise de luzes extras se estiver gravando um vlog ou uma crítica usando sua webcam em seu quarto. As luzes profissionais costumam ser caras, mas você pode usar as luzes que já tem por perto.

Antes de mexer nas luzes da casa, consulte o adulto responsável. Você pode até pedir ajuda.

Eu não tinha luzes quando comecei a fazer filmes pela primeira vez, portanto, usei lâmpadas comuns. Elas eram ótimas para tomadas de perto, mas, em geral, não eram fortes o bastante para um plano geral.

» **Luzes de LED:** Você pode comprar luzes de LED baratas, que são brilhantes. Esperto, claro. Mas com *brilhante*, quero dizer, realmente brilhante.

Uso as luzes de LED na câmera com pilhas AA. Os LEDs são pequenos e leves. Algumas vezes, até levo as luzes de LED para as tomadas externas quando estou gravando.

» **Luzes halógenas:** Você pode comprá-las nas lojas de hardware, pagando muito menos do que uma iluminação profissional.

As luzes halógenas ficam quentes quando você as utiliza. Deixe-as esfriar antes de movê-las. Elas também consomem muita energia, portanto, é melhor pedir para um adulto ajudá-lo a posicioná-las.

Ao iluminar seu vídeo do YouTube, é importante lembrar de verificar se cada tomada parece natural. Quando a cena em seu visor não parece natural, há algo errado. Olhe pelo visor. Você, seu tema ou atores devem ficar muito parecidos quando os olha diretamente, sem a câmera.

Se você estiver fazendo um vlog, crítica ou vídeo de tutorial, colocar uma luminária para o rosto pode fornecer bastante luz para tornar sua cena ótima. Para os curtas ou vídeos engraçados que você captura pela casa ou ao ar livre, pode haver luz suficiente para não precisar de extras.

Considere isto ao iluminar seu vídeo:

» **Tomadas expostas demais:** Se as tomadas estiverem *expostas demais*, significa que estão muito claras. Algumas das áreas mais brilhantes podem ter ficado brancas e perdido os detalhes. Você pode ver que partes do rosto estão completamente brancas e que perdeu algum detalhe e cor. É realmente difícil — geralmente impossível — colocar esse detalhe de volta com a edição.

Você pode expor demais o filme colocando muita luz no tema ou na cena, ou pode acontecer porque a íris na câmera está aberta demais ou a abertura está baixa demais.

É possível corrigir isso facilmente reduzindo a luz ou aumentando os níveis de abertura.

» **Tomadas pouco expostas:** Se suas cenas ficarem *pouco expostas*, estão escuras demais. Você pode não conseguir ver algumas áreas do tema ou do ator. Pode ver apenas partes do rosto e ele perde detalhes. A pouca exposição é mais fácil de corrigir com a edição, mas ainda não é bom ter que aumentar o brilho demais. Isso pode afetar a cor e acabar granulado a imagem.

» **Iluminação de três pontos:** Esta técnica de iluminação de filme e TV tem três luzes definidas em torno do tema ou do ator. Uma preparação de iluminação com três pontos funciona assim:

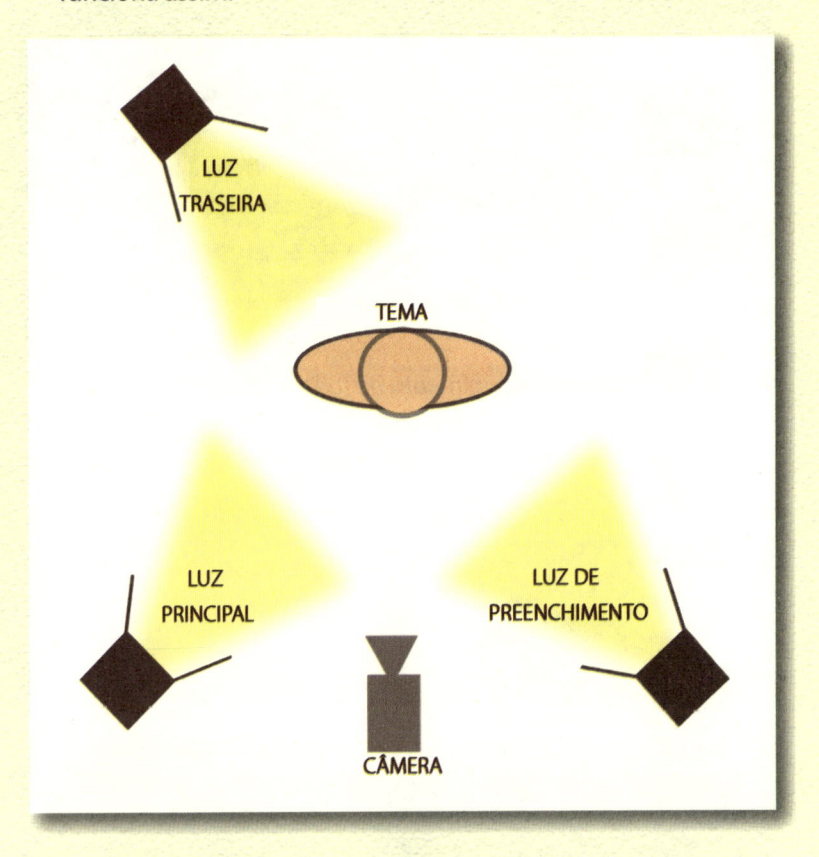

» A *luz principal* pode ficar em qualquer lado do tema. Ela fornece mais luz para o tema. Ela ilumina um lado do rosto do tema. (A luz real vista na próxima página é apenas um objeto cênico.)

» Coloque a <mark>luz de preenchimento</mark> no lado oposto da luz principal. Ela preenche a luz para ter menos sombras no rosto. Defina a luz de preenchimento com um pouco menos de brilho que a luz principal.

» A <mark>luz de fundo</mark> fica por trás do tema em um lado. Pode parecer que ela não faz nada, mas ilumina a cabeça para separar o tema do fundo.

E se você quiser realmente investir nisso, coloque todas as três luzes ao mesmo tempo.

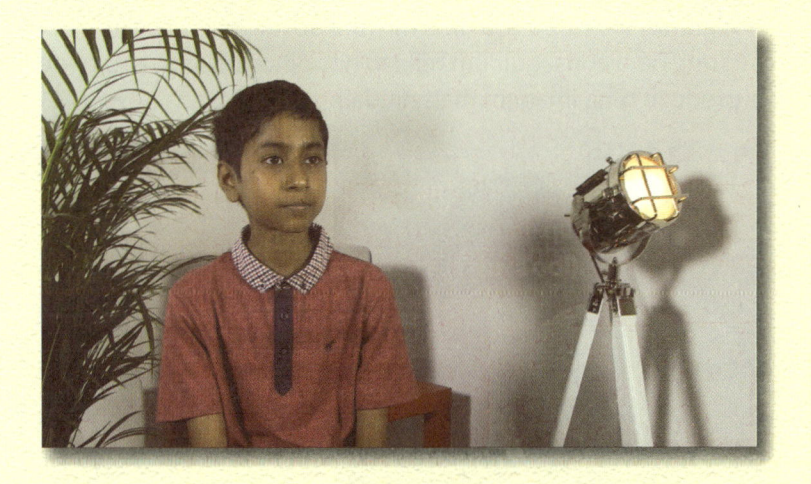

» **Luz refletida:** Esta é a minha técnica favorita porque fornece a luz mais natural. A *luz refletida* reflete a luz das paredes, tetos e refletores em um tema. Brilhando diretamente, uma luz pode colocar sombras por trás de um tema ou iluminar demais o rosto. Porém, a luz refletida do teto, parede ou refletor divide a luz no cômodo.

Algumas vezes, eu uso uma mistura de luz refletida e luz direta para conseguir um ==reflexo nos olhos do ator==. Isso pode produzir uma imagem mais nítida.

Você pode combinar uma ==luz principal com a luz refletida== para refletir a luz nos olhos do ator.

Se você não tiver muitas luzes no cômodo, pode refleti-la no tema usando papel-alumínio. Você pode até enrolar o papel em um papelão para criar seu próprio refletor.

ABERT - O QUÊ?

Abertura é o orifício na lente que permite a passagem da luz. O tamanho da abertura é controlado pela *íris*, que é um anel que abre e fecha dentro da lente (para permitir mais ou menos luz). Quanto menor o número da abertura, maior o orifício e mais luz passa. A maioria das filmadoras e webcams tem uma função de íris automática que mede a quantidade de luz em uma cena e muda a definição da abertura. Algumas câmeras de vídeo permitem que você mude a abertura manualmente (para qualquer coisa que você ache que deve ser), mas cada câmera é diferente. Leia o manual de instruções da câmera.

DIRIJA SEU FILME

O *diretor* trabalha com os atores e equipe para tirar o melhor deles e garantir que a história seja contada através do que eles fazem.

Como diretor, é importante ter:

» **Boas habilidades de comunicação:** Geralmente, o diretor tem em mente uma ideia de como deve ser o filme. É seu trabalho transmitir essa ideia para a equipe e atores. Isso significa que você também deve ser bom ao se comunicar e explicar o que deseja.

» **Confiança:** Os diretores devem ter convicção sobre o que querem, porque a equipe e os atores precisam confiar que os diretores sabem o que estão fazendo. Isso inclui tomar decisões. Se você quiser fazer uma cena extra ou regravar algo, vá em frente. Passei muitas horas imaginando se deveria gravar algo ou não. No tempo que perdi, poderia simplesmente ter regravado.

» **Atenção aos detalhes:** O diretor precisa conseguir focar nos detalhes da cena. Você tem que fazer muitas coisas de uma só vez: observar os atores, saber o que o operador de câmera está fazendo e ouvir o diálogo.

Como diretor, é útil ter os seguintes itens com você durante a filmagem:

» **Monitor do diretor:** Com frequência, os diretores observam um monitor de TV conectado à câmera para que possam ver o que está acontecendo na cena.

Não se preocupe se você não tiver um desses monitores. Poderá dirigir a cena vendo pelo monitor na câmera.

Acho que é mais fácil observar uma cena por um monitor porque o que a câmera vê normalmente é diferente do que você vê ao observar diretamente uma cena. Pode parecer estranho, mas o desempenho do ator também pode ficar muito diferente através de uma câmera.

» **Roteiro:** Ter um roteiro com você é obrigatório. Com ele, você pode verificar o diálogo e controlar onde está na cena. Gosto de fazer anotações em meu roteiro para lembrar o que deve ser capturado e quais objetos cênicos ou roupas preciso para uma cena.

» **Esboço sequencial ou lista de tomadas:** Com esses itens, você pode controlar as tomadas feitas (e as que ainda precisa gravar). Costumo trabalhar principalmente com a lista de tomadas. Posso marcar as tomadas quando elas são feitas, planejar o dia e ver como estamos seguindo o cronograma.

Quando você estiver dirigindo, imagine a edição em sua cabeça. Quando você gravar uma cena, coloque-a em uma linha do tempo imaginária em sua cabeça. Imagine como as cenas ficam juntas. Isso funciona! E me ajuda a pensar nas tomadas que faltam ou nas tomadas extras e nos ângulos. Também ajuda a imaginar como ficará a história montada. Está funcionando? Você precisa mudar algo?

Você pode ficar preocupado. Há tanta coisa para se pensar ao dirigir seu vídeo do YouTube! Não fique aflito. Você aprenderá quando avançar. Essas coisas serão naturais para você. E mais, venho dirigindo há muitos anos e ainda estou aprendendo coisas novas.

DIRIJA SEUS ATORES

O diretor trabalha com atores para ajudá-los a representar o personagem do modo como o escritor imaginou. Como os atores não podem se ver — eles não podem ver como estão se saindo enquanto estão atuando — o diretor dá conselhos sobre como expressar as emoções e dizer as falas.

JÁ PASSEI POR ISSO

Quando comecei, gravei um dia inteiro e não verifiquei as tomadas depois de cada cena feita. Quando fui importar o filme para o computador, descobri que havia um problema com a câmera e que o filme não tinha ficado bom. Não pude usar nenhuma tomada daquele dia.

Tive que organizar a gravação para o outro dia, chamar de volta os atores e a equipe e pagar o almoço deles para me desculpar. Nunca farei isso novamente. *Sempre* verifico as tomadas depois de cada cena, pelo menos.

Seja um bom diretor. Você não quer ser rude e perturbar os atores. Você acabará sem ninguém para gravar.

DIRIJA SUA EQUIPE

Como diretor, é importante saber como a câmera funciona e como gravar os tipos de cenas que explico no Projeto 2. Isso ajuda a explicar para sua equipe como você quer que suas tomadas sejam feitas.

Você escolherá os tipos de tomada que ajudam a expressar a emoção da cena. Por exemplo, qual tomada você usaria se quisesse mostrar o medo no rosto de alguém? Isso mesmo — uma tomada de perto.

USE DICAS DE GRAVAÇÃO

É empolgante chegar ao ponto onde você pode começar a gravar. Usando seu roteiro e a lista de tomadas, você pode pegar seu equipamento e equipe e começar.

Antes de começar, estas dicas ajudarão a aproveitar ao máximo a sua gravação.

VERIFIQUE OS ERROS DE CONTINUIDADE

Você já assistiu a um filme e notou que o ator pegou algo com sua mão esquerda e, na tomada seguinte, o objeto estava na mão direita? Ou notou uma garrafa de refrigerante quase cheia e, depois, na próxima tomada, ela estava praticamente vazia? Isso é um erro de continuidade.

Os erros de continuidade acontecem quando algo em uma cena, um objeto cênico ou ator, muda entre as tomadas.

Normalmente, os megassucessos contratam alguém para cuidar dos erros de continuidade, mas, mesmo assim, eles acontecem. Pedir à equipe e aos atores para prestarem atenção nos erros de continuidade reduzirá ocorrências em seu vídeo.

Na próxima vez em que você assistir a um filme, procure os erros de continuidade. Porém, guarde-os consigo. Você não quer perturbar as pessoas que estão assistindo com você. Do contrário, acabará assistindo aos filmes sozinho, como eu.

SEMPRE FAÇA UMA TOMADA A MAIS DO QUE PRECISA

Provavelmente, você gravará a mesma tomada várias vezes. Leva um pouco de tempo ter a tomada certa, a menos que você tenha um elenco e equipe perfeitos. (Estraga prazeres: não é possível.)

Uma *tomada* é uma representação gravada em uma cena. Começa quando o operador de câmera pressiona o botão Gravar e finaliza quando ele para de gravar.

Quando você consegue uma boa tomada, pode ir para a próxima cena em sua lista ou fazer mais uma para garantir. Faça uma tomada extra. Seus atores podem representar ainda melhor ou pode haver um erro na última tomada que você não percebeu.

Se você estiver gravando um vlog, crítica ou vídeo de tutorial, é bom gravar algumas tomadas e escolher a melhor.

GRAVE FORA DA ORDEM

A maioria dos filmes é feita fora de *sequência*, o que significa uma ordem diferente de como aparecem no filme. Isso torna o processo de gravação o mais simples possível.

Por exemplo, você pode querer gravar todo o vídeo de seu gato primeiro e, depois, gravar a introdução. Ou talvez filme a si mesmo demonstrando uma dança antes de explicar como fazer a dança.

VERIFIQUE SUAS TOMADAS

A última coisa que você deseja é importar seu filme no final do dia e descobrir que há problemas e não pode usá-lo. Acredite, já aconteceu comigo.

Verifique seu filme após cada tomada ou cena gravada. Torne isso um hábito.

É por isso que você deve verificar seu filme:

» **Problemas técnicos:** Você pode ter um problema na câmera ou sujeira na lente que não notou durante a gravação. Acredite, você notará quando reproduzir em um monitor maior ou importar para seu computador.

» **Continuidade e erros:** Você pode deixar passar erros enquanto grava. Talvez, um ator tenha tropeçado em uma palavra ou algo não deveria estar na cena.

» **Tomadas que faltam:** Examinar seu filme é uma ótima oportunidade de verificar com atenção se você gravou tudo na lista de tomadas.

Faltar cenas é algo muito fácil de ocorrer e pode causar problemas durante a edição. Verifique sua lista de tomadas.

Verificar seu filme será um pouco mais complicado se sua câmera gravar com fita, em vez de cartões de memória.

Depois de assistir ao filme na fita, reproduza até o final da última tomada. Você não quer gravar sobre nenhuma cena já feita. O mais seguro a fazer é gravar um marcador no final de cada cena.

Um *marcador* é apenas alguns segundos de vídeo em branco. Você pode gravar com a tampa da lente colocada. Mas lembre-se de retirar a tampa para a cena seguinte!

PROJETO 3 EDITAR

A EDIÇÃO É A CEREJA DO BOLO. Quando você edita, consegue ver seu filme inteiro, com os efeitos que melhoram a visualização.

Neste projeto, mostro como importar o filme capturado, cortá-lo em uma linha do tempo com algumas transições legais e, depois, exportá-lo para ficar pronto para transferir para o YouTube.

ESCOLHA UMA FERRAMENTA DE EDIÇÃO

Existem toneladas de ferramentas de edição. Elas oferecem diversos efeitos e funcionam de modo diferente, mas suas funções básicas são parecidas. Elas permitem:

» Importar ou baixar o filme de sua câmera ou cartão de memória;

» Cortar e organizar seu vídeo em uma linha do tempo;

- » Adicionar transições;
- » Exportar o que está em sua linha do tempo para um filme final.

Neste projeto explico todo o processo.

Este projeto usa o iMovie (que é para os produtos da Apple) e o Movie Maker (que é para os sistemas operacionais do Windows).

- » Se você tem um Macintosh, poderá comprar o iMovie na App Store por um preço acessível. E é gratuito para os Macs mais novos (basta verificar na App Store para saber se ele mostra FREE ou OBTER em vez do preço).

- » Se você tem outro tipo de computador que usa o Windows (Dell, HP — basicamente qualquer coisa diferente de um Mac), o Movie Maker será sua ferramenta de edição. Se você ainda não tem o Movie Maker em seu computador, baixe-o gratuitamente em support.microsoft.com/pt-br/help/14220/windows-movie-maker-download como parte do pacote Windows Essentials.

Você pode comprar outras ferramentas de edição que oferecem mais efeitos e funções incríveis, mas as ferramentas que acabei de listar oferecem mais do que você precisa para seu primeiro vídeo do YouTube e custam menos.

Primeiro, mostro como editar seu vídeo no iMovie, depois, no Movie Maker. Se você tem Windows, pule o próximo tópico.

CRIE UM NOVO EVENTO NO IMOVIE

Eu gravo um novo projeto praticamente todo dia. Se todos os filmes que tenho estivessem em uma pasta, seria difícil encontrar os projetos e clipes anteriores.

Antes de começar a importar seu filme para o computador, você precisa criar um novo evento. Um evento é como o iMovie mantém o filme e o projeto. Ele ajuda a encontrar seus clipes e a linha do tempo na próxima vez em que você abrir o programa.

Você pode criar um novo evento para importar seu filme seguindo estas etapas:

1 **Abra os Aplicativos e clique no ícone iMovie.**

O iMovie abrirá.

2 **Na tela principal do iMovie, escolha Novo Evento (New Event) no menu Arquivo (File).**

3 **Digite um nome para seu vídeo na caixa de texto Nome (Name).**

Milo Took My Phone (Milo Pegou Meu Telefone) é o nome do meu vídeo. Agora, o ==evento Milo Took My Phone== aparece na lista Biblioteca do iMovie (iMovie Library).

IMPORTE SEU FILME PARA O IMOVIE

Depois de criar o evento, você pode importar seu vídeo para ele. Quando você importa o vídeo para o iMovie, ele armazena os videoclipes em uma pasta no disco rígido do computador.

Depois de importar os clipes, você pode desconectar a câmera ou tirar o cartão de memória do computador.

Para importar o filme, siga estas etapas:

1 **Conecte a câmera ou o dispositivo ao seu computador com um cabo USB ou cabo FireWire.**

Se você usar um cartão de memória, coloque-o no leitor de cartão do computador.

A caixa de diálogo Importar iMovie (iMovie Import) aparecerá automaticamente.

 2 **Se a caixa de diálogo Importar (Import) não aparecer automaticamente, clique no ícone Importar (Import) na barra de ferramentas.**

Sua câmera, dispositivo ou cartão de memória devem aparecer no painel Câmeras/Dispositivos (Cameras/Devices), no lado esquerdo da caixa de diálogo Importar (Import), mostrada na próxima página.

3 **Clique no cartão, câmera ou dispositivo no painel Câmeras/Dispositivos (Cameras/Devices).**

Você deve ver uma visualização do primeiro clipe (você pode ver Milo em close aqui). Sob o monitor, há uma lista dos videoclipes.

4 **Manda ver!**

5 **Clique no(s) clipe(s) que você deseja importar.**

6 **Clique no botão Importar Selecionado (Import Selected) no canto inferior direito da caixa de diálogo Importar (Import).**

Ao iniciar, a área de importação fechará. Você verá seus clipes na área de eventos.

GRAVE A PARTIR DA WEBCAM NO IMOVIE

Você pode gravar de sua webcam diretamente no evento iMovie seguindo estas etapas:

1 **No iMovie, clique no ícone Importar (Import).**

2 **Clique em sua webcam no painel Câmera/Dispositivos (Camera/Devices).**

Você verá uma visualização do vídeo.

3 **Para começar a gravar, clique no botão Gravar (Record).**

4 **Manda ver!**

5 **Clique no botão abaixo do monitor de visualização novamente para parar de gravar.**

6 **Clique em Fechar (Close) na parte inferior direita.**

A caixa de diálogo Importar (Import) fechará. O(s) clipe(s) que você acabou de gravar aparecerá(ão) com seu outro vídeo no novo evento.

CRIE UMA NOVA LINHA DO TEMPO NO IMOVIE

Depois de ter importado seu evento, você poderá editar o filme. Contudo, antes de poder editar, você deve criar uma linha do tempo.

Uma linha do tempo, ou projeto, é onde você arrasta seu filme para editar e colocar seus clipes na ordem correta.

Para criar sua linha do tempo, siga estas etapas:

1 **Verifique se o evento está selecionado.**

O nome do evento deve estar destacado na janela Bibliotecas (Libraries). Se não estiver, clique no nome do evento na janela Bibliotecas (Libraries).

2 **Escolha Filme (Movie) no menu Novo (New).**

Você verá uma caixa de diálogo que mostra os temas.

3 **Clique em Nenhum Tema (No Theme). Depois, clique no botão Criar (Create).**

A caixa de diálogo Criar (Create) aparecerá.

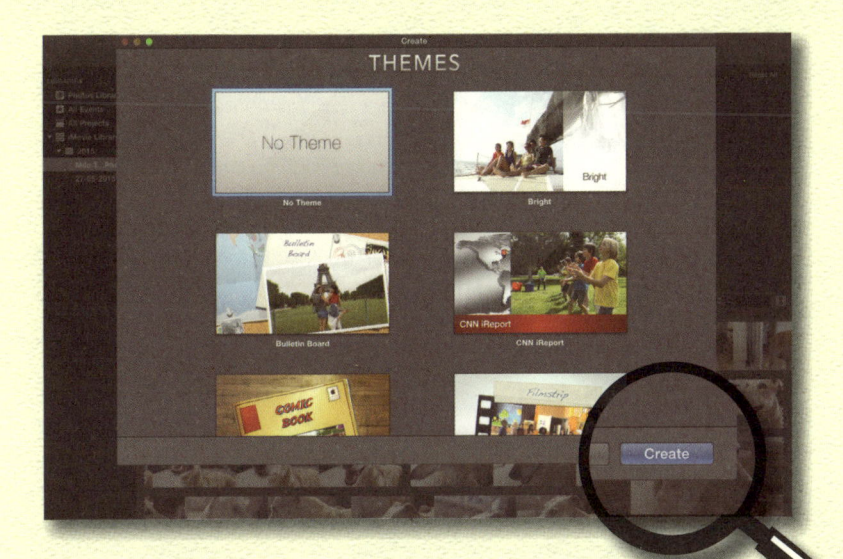

4 **Nomeie seu projeto e verifique se ele está sendo criado no novo evento.**

Nomeei meu projeto como Milo Took My Phone (Milo Pegou Meu Telefone).

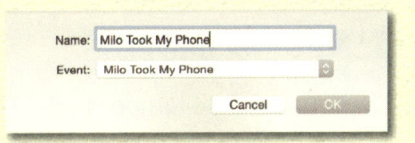

Como mostra a página a seguir, seu novo projeto aparecerá acima do filme no evento e a linha do tempo aparecerá abaixo dele.

Evento   Novo projeto   Filme   Linha do tempo   Monitor de reprodução

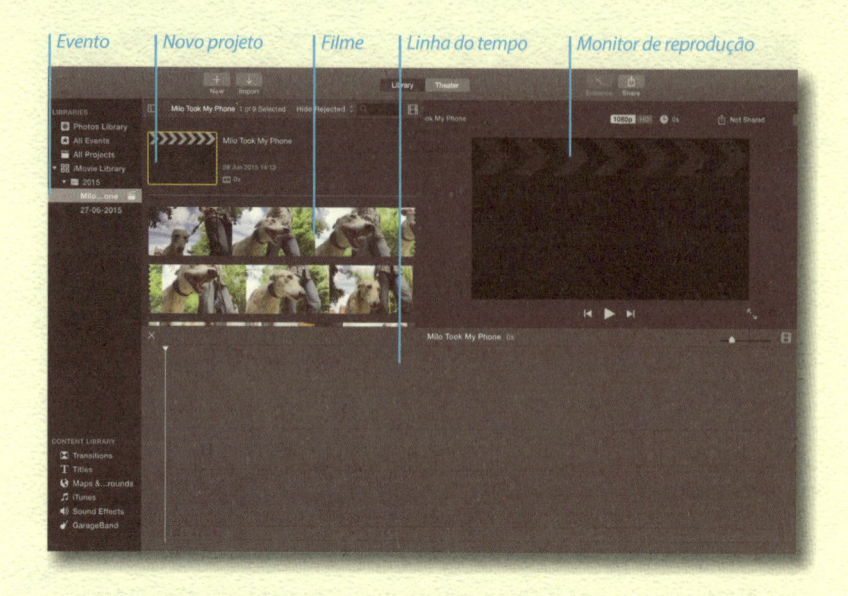

ADICIONE UM FILME À LINHA DO TEMPO NO IMOVIE

Com sua linha do tempo criada, é hora de adicionar seu vídeo a ela. O bom do iMovie é que você pode adicionar facilmente clipes à sua linha do tempo e movê-los.

Quando estiver gravando seu filme, haverá seções no início e no fim dos clipes que você não quer manter. Essas seções normalmente incluem material extra, como o diretor dando ordens aos atores.

Pode ser útil ter o roteiro ou lista de tomadas diante de você ao editar. Isso ajuda a saber a ordem dos clipes e garante que não faltará nenhum clipe.

Você pode cortar as partes extras ao adicionar seu filme à linha do tempo. Siga estas etapas:

1 **Verifique se a nova linha do tempo do projeto está aberta.**

2 **Coloque o cursor sobre o primeiro videoclipe que deseja usar.**

Use o melhor da primeira tomada em sua lista de tomadas.

Quando você passar o mouse sobre a imagem, surgirá uma visualização na caixa de diálogo Monitor de Reprodução (Playback Monitor). Passe o mouse sobre a parte do clipe na qual você gostaria de iniciar. Em seguida, clique e arraste o cursor para a direita. A seleção no clipe terá um contorno amarelo. Não se preocupe se soltar antes de selecionar tudo o que deseja incluir. Basta clicar na borda e arrastar para a esquerda ou direita.

3 **Clique e segure no centro do clipe selecionado, arraste sua seleção para o início da linha do tempo e solte.**

Seu clipe selecionado aparecerá na linha do tempo.

4 **Passe o cursor sobre o monitor de reprodução para garantir que tem todas imagens desejadas.**

Os controles de reprodução aparecerão.

A tabela informa o que faz cada controle de reprodução.

CONTROLES DE REPRODUÇÃO

Controle	O que faz
▶	Reproduz o filme na linha do tempo a partir de onde a cabeça de reprodução está na linha do tempo. Durante a reprodução, ele se transforma no botão de pausa.
◀│	Este botão volta para o início do clipe. Se você segurá-lo, o clipe retornará durante a reprodução.
▶│	Este botão pula para o próximo clipe na linha do tempo. Se você segurá-lo, o clipe avançará rápido durante a reprodução.
↖↘	Este botão reproduz o filme na linha do tempo em tela cheia. Clique-o novamente para sair do modo tela cheia.

Quando você reproduz seus clipes, uma linha se move na linha do tempo. Essa linha é chamada de *cabeça de reprodução*. Você pode:

» clicar na cabeça de reprodução e arrastá-la em sua linha do tempo;

» clicar acima de um clipe para mover a cabeça de reprodução para aquele ponto.

Se você cortar, sem querer, parte do vídeo no início ou no final, você poderá alongar o clipe na linha do tempo.

5 **Selecione o clipe que você quer ampliar ou reduzir, e passe o mouse sobre o início ou final do clipe.**

O cursor muda para duas setas apontando para fora. Clique e segure, em seguida, mova o cursor para a esquerda ou direita.

Algumas vezes, é difícil fazer com que as duas setas apareçam na cabeça de reprodução. Tenha paciência.

6 Para adicionar sua segunda tomada, selecione a gravação desejada.

Use as mesmas etapas utilizadas para adicionar seu primeiro clipe.

7 Clique e arraste a ==tomada para a direita do seu primeiro clipe== **na linha do tempo. Depois, solte.**

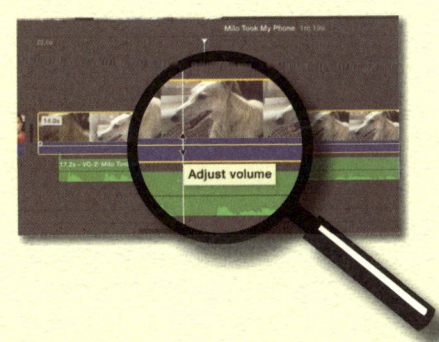

Isso coloca automaticamente sua segunda tomada após a primeira.

8 Repita esta etapa novamente e coloque a tomada à direita da segunda.

9 Continue adicionando clipes à linha do tempo na ordem de sua lista de tomadas.

Se precisar trocar um clipe por outro, clique e arraste-o para onde deseja. Depols, solte.

Para remover o som de um clipe, passe o mouse sobre a linha entre o vídeo e o áudio no clipe.

Seu cursor deverá transformar-se em ==duas setas== apontando para cima e para baixo.

10 Clique e arraste a linha até a parte inferior do clipe.

A tabela lista alguns atalhos de teclado que podem ajudar na edição.

ATALHOS DE TECLADO

Atalho de Teclado	O que faz
Command-I	Importa o filme para um evento
Command-N	Cria um novo projeto de filme
Command-E	Exporta uma linha do tempo para o iMovie Theatre
Barra de espaço	Reproduz o vídeo na linha do tempo a partir de onde está a cabeça de reprodução
Seta para direita	Move a cabeça de reprodução um quadro para frente, o que ajuda para uma edição precisa
Seta para esquerda	Move a cabeça de reprodução um quadro para trás, o que ajuda para uma edição precisa
Seta para baixo	Salta a cabeça de reprodução para o início do próximo clipe no navegador de eventos ou linha do tempo
Seta para cima	Salta a cabeça de reprodução para o início do clipe atual ou do clipe anterior no navegador de eventos ou linha do tempo
Barra (/)	Reproduz a área do clipe selecionada no navegador de eventos ou linha do tempo
Barra invertida (\)	Reproduz a partir do início do clipe, evento ou linha do tempo
Shift-Command-F	Reproduz o clipe a partir da posição da cabeça de reprodução em tela cheia
Esc	Sai da exibição de tela cheia
Command-Z	Desfaz a última ação ou alteração
Shift-Command-Z	Refaz a última ação ou alteração
Command-C	Copia o clipe ou texto selecionado
Command-X	Corta o clipe ou texto selecionado
Command-V	Cola o clipe ou texto copiado

ADICIONE TRANSIÇÕES NO IMOVIE

Com seu vídeo na linha do tempo, pense em como um videoclipe se junta ao outro. Isso é uma *transição*. Uma transição pode ser qualquer coisa, desde um simples corte até uma pequena animação rápida, dependendo do tipo de vídeo de YouTube que você está criando.

O iMovie oferece certos tipos de transições, portanto, adicione uma no início e no final de seu vídeo seguindo estas etapas:

1 Escolha **Transitions** (Transições) em **Content Library** (Biblioteca de Conteúdo) na parte inferior.

2 Clique e arraste a transição que você deseja para o início de seu primeiro clipe na linha do tempo. Depois, solte.

Um ícone de transição aparece antes do primeiro clipe.

3 Selecione o primeiro clipe e clique no botão Play Clip (Reproduzir Clipe) na caixa de diálogo Playback Monitor (Monitor de Reprodução).

4 Clique e arraste a transição para o final do último clipe na linha do tempo. Depois, solte.

Você pode ver como tudo vai ficar movendo a cabeça de reprodução para o início da linha do tempo e clicando no botão de reprodução abaixo do monitor de reprodução.

Use as transições com cuidado. Usar em excesso pode deixar seu vídeo longo e pouco profissional. Em geral, as transições mostram a passagem do tempo ou ajudam a mudar o clima. Usar transições malucas, como Mosaic ou Spin Out, pode distrair o público, o que não é uma boa ideia. Seja simples. Os filmes e programas de TV normalmente usam apenas alguns tipos, como fade (a imagem vai desaparecendo aos poucos) e cortes.

ADICIONE CORTES SECOS NO IMOVIE

Imagens indesejadas podem mostrar alguém pensando em sua fala ou gaguejando. Os cortes secos são populares e os produtores normalmente os utilizam mesmo que não haja muito para cortar.

Os cortes secos (também conhecidos como jump cuts) são comuns nos vídeos do YouTube, em especial nos vlogs ou tutoriais. Os cortes secos são simplesmente transições bruscas que encurtam um vídeo ou cortam qualquer cena indesejada.

Para adicionar cortes secos à linha do tempo de seu vídeo do YouTube, siga estas etapas.

1 Verifique se a linha do tempo de seu projeto está aberta.

2 Encontre uma seção do vídeo em sua linha do tempo da qual gostaria de se livrar.

3 Clique na linha do tempo onde você deseja começar a cortar.

A cabeça de reprodução se move para este ponto na linha do tempo.

4 **No teclado, pressione Cmd, e depois, B.**

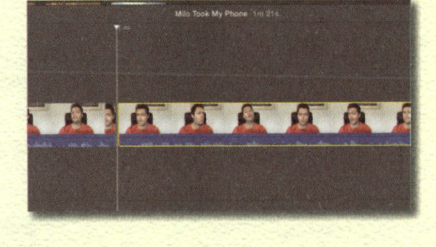

O clipe é dividido.

5 **Clique na linha do tempo onde você deseja parar de cortar.**

A área é destacada.

6 **No teclado, pressione Cmd, e depois, B.**

7 **Selecione a seção do filme que você deseja descartar. No teclado, pressione Delete ou Backspace.**

O filme indesejado é removido. Olhe o vídeo na linha do tempo para ver como ficou seu corte de salto.

ADICIONE TÍTULOS NO IMOVIE

Os *títulos* são palavras que aparecem em um vídeo e dão informações ao público. A maioria dos títulos fica no início do vídeo, fornece o nome dele e traz informações sobre os produtores. (Ei, é você!)

Você pode adicionar títulos ao vídeo ou em uma tela em branco antes dos clipes ou em qualquer lugar em sua linha do tempo.

Por enquanto, comece adicionando um título no início de seu vídeo do YouTube:

1 **Clique no botão Titles (Títulos) na Content Library (Biblioteca de Conteúdo).**

Você verá uma lista de títulos. Para ver a aparência dos títulos, clique no início da miniatura do título e pressione a barra de espaço.

2 Quando você encontrar o título que deseja usar, clique e arraste para o início de sua linha do tempo.

Eu escolhi o título Expand. Quando você arrastar o título para a linha do tempo, o monitor de visualização mostrará o título com Title Text Here (Texto do Título Aqui) destacado.

Escolha um efeito de título adequado ao estilo de seu vídeo do YouTube. E mais, escolha a quantidade certa de tempo para ele ser mostrado. Leia o título lentamente em voz alta. Esse é o tempo que ele deve levar para ser reproduzido.

Se seu vídeo for um vlog ou tutorial, prefira efeitos menos espalhafatosos. Também pense sobre quanto tempo o título leva para ser reproduzido. Não o deixe curto a ponto de seu público não ter tempo de lê-lo. (Mas não o deixe longo a ponto de o público ficar entediado e dormir.)

3 **Clique duas vezes no título no monitor de visualização para inserir o texto.**

4 **Selecione o texto na caixa de título e clique no ícone Font (Fonte). Selecione uma fonte na lista.**

A *fonte* é a aparência das letras, números e símbolos.

5 **Para mudar o tamanho, selecione o texto em sua caixa de título e clique no menu suspenso de tamanho do texto. Selecione um tamanho.**

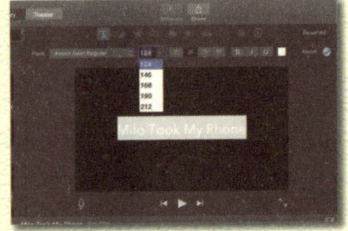

6 **Assista ao título em seu vídeo clicando no início da linha do tempo e pressionando a barra de espaço.**

GRAVE UMA NARRAÇÃO NO IMOVIE

Experimente usar uma narração como parte de seu vídeo do YouTube. Basta que você tenha um microfone ou webcam conectada ao computador para utilizar a ferramenta do iMove para gravar a narração.

Antes de gravar sua narração, lembre-se destes modos simples de melhorar a qualidade do áudio:

» **Verifique se o ambiente está o mais silencioso possível.** Avise às pessoas que você está gravando um áudio.

» **Verifique o eco.** Bata palmas ou diga uma palavra em voz alta. Então, ouça com atenção qualquer eco. Se houver algum, experimente outro cômodo. Um local com carpete ou muitos tapetes e sofás é uma ótima aposta.

» **Mantenha sua boca a uns 15cm de distância do microfone.** É mais ou menos da ponta do polegar até o final do dedo mindinho esticado. Estique esse mindinho!

Para gravar a narração usando o iMovie, siga estas etapas:

1 **Tenha o roteiro da narração pronto para ler.**

2 **Mova a cabeça de reprodução para o ponto na linha do tempo onde você deseja iniciar a narração.**

3 **No teclado, pressione a tecla V.**

A função de gravação da narração abrirá. Se não abrir, clique em Record Voiceover (Gravar Narração) no menu Window (Janela).

 Clique no ícone do microfone para começar a gravar a narração.

Há uma contagem regressiva de três segundos antes de começar a gravar. Após a contagem, comece sua narração.

Enquanto você está gravando, uma faixa vermelha e verde aparece sob o filme.

 Clique no ícone do microfone para parar de gravar.

Uma narração aparece abaixo do filme em uma caixa de áudio verde e o clipe da narração aparece como um clipe de áudio em seu evento. Você pode cortar o início e o final de sua gravação.

6 **Para cortar a narração, selecione-a. Em seguida, passe o <mark>cursor do mouse</mark> sobre o início e o final do clipe.**

7 **Quando duas setas aparecerem, clique e arraste para a esquerda ou a direita para aumentar ou diminuir o clipe.**

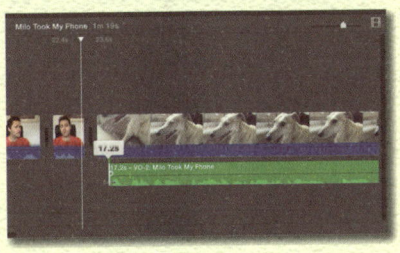

Não é possível aumentar um clipe, a menos que você já tenha cortado para diminuí-lo.

Se quiser gravar outra narração na linha do tempo, repita as mesmas etapas.

IMPORTE SEU FILME PARA UM NOVO PROJETO DO MOVIE MAKER

Ao abrir pela primeira vez o Movie Maker, um novo projeto é criado automaticamente.

Um projeto é a área da ferramenta de edição onde você importa e organiza o filme.

Para importar o vídeo para seu projeto, siga estas etapas:

1 **Importe o filme de seu cartão, câmera ou dispositivo para uma pasta em seu PC.**

Algumas câmeras vêm com um software (em DVD) que permite baixar o filme da câmera para o computador. O mesmo software estará no site do fabricante do dispositivo.

 2 **Abra o Movie Maker em Aplicativos (Apps).**

3 **Clique no link Clicar Aqui para Navegar Vídeos e Fotos (Click Here to Browse for Videos and Photos).**

4 **Vá para a pasta onde seu vídeo está armazenado no computador.**

Cada tomada ou clipe gravado por sua câmera de vídeo aparecerá como um arquivo separado. Normalmente, sua câmera nomeia os arquivos, portanto, eles podem não fazer sentido.

5 **Clique no(s) arquivo(s) e, depois, em Abrir (Open).**

Os arquivos selecionados aparecem na linha do tempo do projeto como *miniaturas* (pequenas imagens).

Você pode escolher mais de um arquivo pressionando a tecla Ctrl no teclado e clicando nos arquivos no navegador.

6 **Clique em Arquivo (File) na barra de ferramentas, depois, clique em Salvar Projeto Como (Save Project As).**

7 **Vá para a pasta onde deseja salvar o projeto, digite um nome e clique em Salvar (Save).**

Gosto de salvar meu projeto na mesma pasta do vídeo.

NÃO CONSIGO VER MEU VÍDEO, MAS POSSO OUVI-LO

Algumas versões do Movie Maker podem dar problemas. Ao tentar reproduzir seu filme, você ouve o som, mas não vê nada, apenas uma tela preta? Experimente estas correções.

Atualize o driver da placa de vídeo do computador:

1 Acesse o site www.microsoft.com/en-us/windows/compatibility/CompatCenter/Home (conteúdo em inglês).

2 Na barra de pesquisa, digite **Movie Maker device driver (driver do dispositivo Movie Maker)**.

3 Escolha a opção adequada à situação.

4 Siga as etapas.

Ou você pode salvar seus arquivos de vídeo na área de trabalho:

1 No Windows Explorer, encontre os arquivos de vídeo em seu computador.

2 Clique e arraste seus arquivos de vídeo para a área de trabalho.

3 Clique nos arquivos de vídeo e escolha Abrir Com (Open With).

4 Na lista, escolha Movie Maker.

Salve seu projeto com frequência. Nunca se sabe quando o Movie Maker vai travar, perdendo todo seu trabalho. Se tiver preguiça, simplesmente pressione Ctrl+S no teclado para salvar o projeto.

8 **Para remover o filme de um clipe, selecione o clipe, depois, clique na guia Editar (Edit).**

Isso ativa as opções de edição.

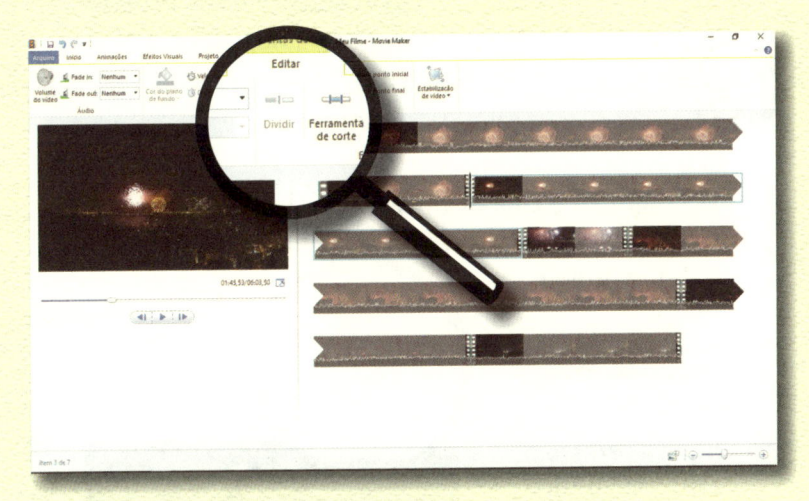

9 **Clique na Ferramenta de Corte (Trim Tool).**

Os cursores de corte aparecem sob o monitor de visualização. Use-os para escolher a seção desejada.

10 Mova os cursores. Quando estiver satisfeito, clique em Salvar Corte (Save Trim).

» Mova o cursor esquerdo para cortar o começo do clipe.

» Mova o cursor direito para cortar o final do clipe.

Isso o leva de volta ao projeto. Você conseguirá ver se seu clipe foi cortado.

11 Repita as etapas para os outros clipes em seu projeto.

Você pode estender um clipe que cortou. Selecione o clipe e clique na Ferramenta Cortar (Trim Tool). Ajuste os cursores de corte, depois, clique em Salvar Corte (Save Trim).

12 Para remover o som de um clipe, selecione o clipe no projeto. Clique na guia Editar (Edit), depois, em Volume do Vídeo (Video Volume).

O cursor do volume aparecerá.

13 Clique e arraste o cursor do volume até o final para a esquerda.

14 Para mover o filme, clique e arraste um clipe para a nova posição.

GRAVE DA WEBCAM NO MOVIE MAKER

Você pode gravar de sua webcam diretamente na linha do tempo do projeto no Movie Maker. Basta seguir estas etapas:

1 Clique na guia Início (Home) no Movie Maker.

2 Clique em Vídeo da Webcam (Webcam Video) na faixa de opções abaixo da barra de ferramentas.

Uma visualização de sua webcam deverá aparecer. Prepare-se!

3 **Clique no botão Gravar (Record) à esquerda superior quando estiver pronto.**

4 **Clique em Parar (Stop) quando terminar.**

Uma caixa de diálogo Salvar Vídeo (Save Video) abrirá.

5 **Encontre a pasta onde você deseja salvar o vídeo. Em seguida, digite um nome na caixa Nome (File Name).**

6 **Clique em Salvar (Save).**

Seu vídeo da webcam é adicionado à linha do tempo do projeto.

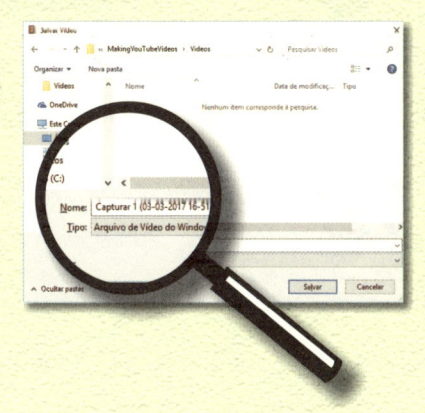

ADICIONE TRANSIÇÕES NO MOVIE MAKER

Quando seus clipes estiverem onde deseja que apareçam no YouTube, você poderá adicionar transições.

Uma *transição* é como um videoclipe se junta a outro. Ela pode ser qualquer coisa, desde um simples corte brusco até uma pequena animação rápida, dependendo do tipo de vídeo que está criando.

Você pode adicionar transições do Movie Maker ao filme na linha do tempo do projeto assim:

1 **Clique em Animações (Animations) no topo.**

Você verá diferentes animações e transições.

Você pode passar o cursor sobre uma transição para ver como ela funciona.

2 Clique em um clipe, depois, clique na transição.

Você pode testar a transição clicando no primeiro clipe, depois, clicando no <mark>botão de reprodução</mark> (play) sob o monitor de reprodução.

Você pode adicionar transições entre os outros clipes. Para ver como tudo fica, clique no primeiro clipe e no botão de reprodução.

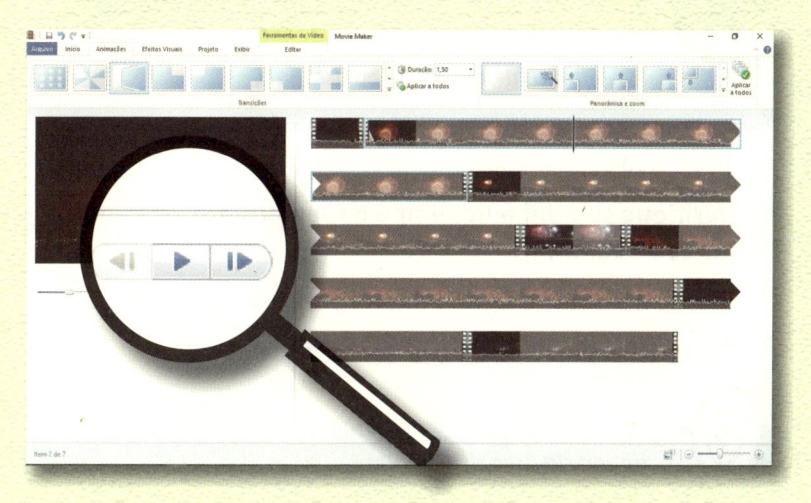

Use as transições com cuidado. Usar em excesso pode deixar seu video longo e pouco profissional. Em geral, as transições mostram a passagem do tempo ou ajudam a mudar o clima. Usar transições malucas, como Mosaic ou Spin Out, pode distrair o público, o que não é uma boa ideia. Seja simples. Os filmes e programas de TV normalmente usam apenas alguns tipos, como fade out (a imagem desaparece aos poucos) e cortes.

ADICIONE CORTES DE SALTO NO MOVIE MAKER

Imagens indesejadas podem mostrar alguém pensando em sua fala ou gaguejando. Os cortes de salto são populares e os produtores normalmente os utilizam mesmo que não haja muito para cortar.

Os cortes de salto são simplesmente transições bruscas que encurtam um vídeo ou cortam qualquer trecho indesejado. Eles são comuns nos vídeos do YouTube, especialmente nos vlogs ou tutoriais.

Para adicionar cortes de salto à linha do tempo de seu vídeo do YouTube, siga estas etapas:

1 **Verifique se a linha do tempo de seu projeto está aberta antes de começar.**

2 **Clique no botão Editar (Edit) na barra de ferramentas.**

3 **Encontre a parte da qual gostaria de se livrar.**

Para ampliar, clique no botão mais (+) no canto inferior direito da área de trabalho.

4 **Arraste a cabeça de reprodução para onde deseja iniciar o corte.**

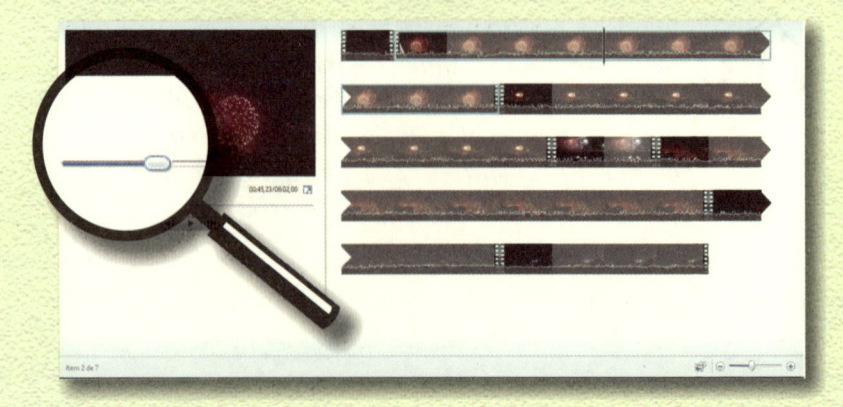

A cabeça de reprodução é a linha que percorre o projeto ao reproduzir o vídeo.

5 **Clique no botão Dividir (Split) no topo da tela.**

O clipe é dividido onde você selecionou.

6 **Arraste a cabeça de reprodução para onde você deseja que o corte termine. Depois, clique no botão Dividir (Split).**

7 **Selecione o filme que você deseja descartar.**

Um contorno azul aparecerá em volta da área selecionada.

8 **Pressione a tecla Delete no teclado.**

O trecho indesejado é removido. Pressione o botão de reprodução para ver como ficou o corte de salto.

ADICIONE TÍTULOS NO MOVIE MAKER

Os *títulos* são palavras que aparecem em um vídeo e dão informações ao público. A maioria dos títulos fica no início do vídeo, e fornece o título do vídeo e traz informações sobre os produtores. (Ei, é você!)

Você pode adicionar títulos ao vídeo ou em uma tela em branco antes dos clipes ou em qualquer lugar em sua linha do tempo.

No momento, comece adicionando um título no início de seu vídeo:

1 **Selecione o primeiro clipe no projeto.**

2 Clique na guia Início (Home) na barra de ferramentas, depois, clique no Título (Title) abaixo.

Um título é adicionado antes do primeiro clipe no projeto.

3 Clique no texto, na caixa de texto. Digite o novo título.

Escolha um efeito de título adequado ao estilo de seu vídeo do YouTube. E mais, escolha a quantidade certa de tempo para ele ser mostrado. Leia o título lentamente em voz alta. Esse é o tempo que ele deve levar para ser reproduzido.

Se seu vídeo for um vlog ou tutorial, prefira efeitos menos espalhafatosos. Também pense sobre quanto tempo o título leva para ser reproduzido. Não o deixe curto a ponto de seu público não ter tempo de lê-lo. (Mas não o deixe longo a ponto de o público ficar entediado e dormir.)

4 Clique no texto, na caixa de título. Depois, clique no menu de fontes e escolha uma fonte.

A *fonte* é a aparência das letras, números e símbolos. **Isto é uma fonte**. Isto é uma fonte diferente.

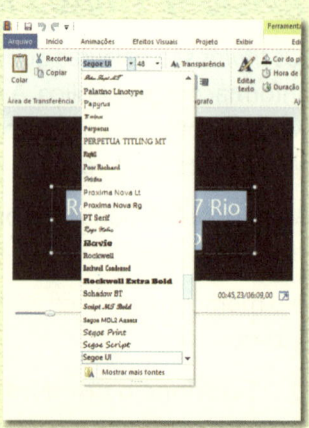

5 Para mudar o tamanho, clique no texto. Clique no menu suspenso e selecione um tamanho.

Você pode digitar um tamanho específico, se quiser.

6 Verifique o título. Clique no início do projeto e pressione a barra de espaço.

GRAVE UMA NARRAÇÃO NO MOVIE MAKER

Experimente usar uma narração como parte de seu vídeo do YouTube. Basta que você tenha um microfone ou webcam conectada ao computador para utilizar a ferramenta do Movie Maker para gravar a narração.

Antes de gravar sua narração, lembre-se destes modos simples de melhorar a qualidade do áudio:

» **Verifique se o ambiente está o mais silencioso possível.** Avise às pessoas que você está gravando o áudio.

» **Verifique o eco.** Bata palmas ou diga uma palavra em voz alta. Então, ouça com atenção qualquer eco. Se houver algum, experimente outro cômodo. Um local com carpete ou muitos tapetes e sofás é uma ótima aposta.

» **Mantenha sua boca a uns 15cm de distância do microfone.** É mais ou menos da ponta do polegar até o final do dedo mindinho esticado. Estique esse mindinho!

Para gravar a narração usando o Movie Maker, siga estas etapas:

1 Tenha o roteiro da narração pronto para ler.

2 Mova a cabeça de reprodução para o ponto onde você deseja iniciar a narração.

3 Clique no botão Início (Home) na barra de ferramenta. Depois, clique em Gravar Narração (Record Narration).

4 Clique no botão Gravar (Record) e inicie a narração.

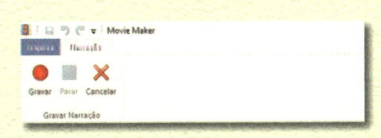

O vídeo será reproduzido.

5 Clique no botão Parar (Stop) para sair da gravação.

A caixa de diálogo Salvar Narração (Save Narration) abrirá.

6 Encontre a pasta onde deseja salvar a narração.

7 Digite um nome na caixa Nome de Arquivo (File Name) e clique em Salvar (Save).

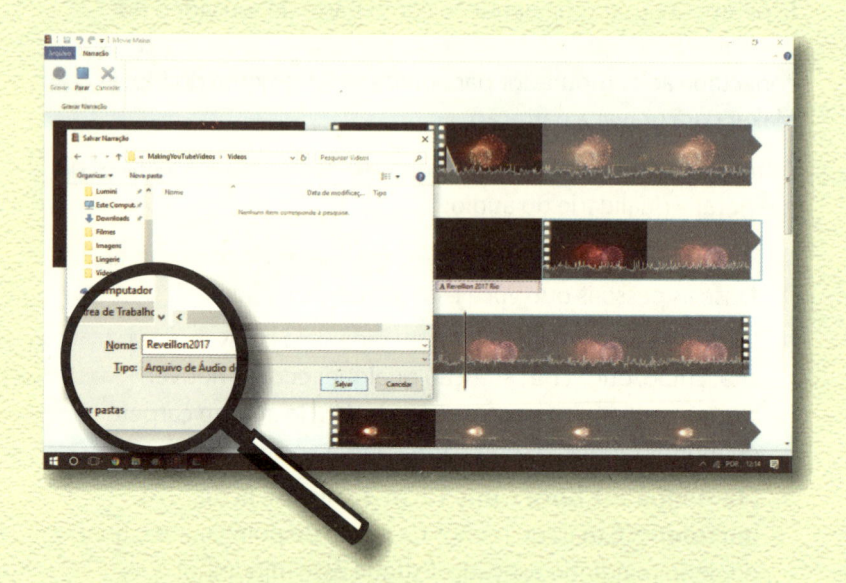

Sua narração aparecerá abaixo do vídeo no projeto. Para gravar outra narração na linha do tempo, repita as mesmas etapas.

PROJETO **4** COMPARTILHAR

MOSTRAR SEU VÍDEO PARA A FAMÍLIA E AMIGOS É ÓTIMO. Mas você pode querer compartilhá-lo com ainda mais pessoas. O YouTube é o lugar perfeito para fazer isso. O site tem bilhões de exibições todo dia e alguns dos vídeos foram vistos centenas de milhões de vezes.

Neste projeto, mostro como configurar um canal do YouTube e transferir seu vídeo para o YouTube. As etapas realizadas dependem de você ter editado o vídeo no iMovie, Movie Maker ou em outro programa.

CONFIGURE UM CANAL DO YOUTUBE

Antes de você poder transferir o vídeo para o YouTube, precisa criar uma conta do Google e um canal do YouTube. Transferir o vídeo para o YouTube é como salvar seu vídeo no site para que outras pessoas possam assisti-lo sempre que quiserem.

Na maioria dos países, você precisa ter 13 anos ou mais para configurar uma conta do Google. Peça permissão aos pais ou responsáveis antes de começar. Eles podem até querer ajudar.

Estas etapas supõem que você ainda não tem uma conta do Google. Se já tiver uma, acesse www.youtube.com e pule para a Etapa 5. Siga estas etapas para configurar seu canal do YouTube:

1 **Acesse www.youtube.com.**

2 **Clique em Fazer login.**

O botão está no canto superior direito da home page do YouTube.

3 **Clique no botão Crie uma conta.**

Está em Mais opções, abaixo do formulário Fazer login.

4 **Preencha o formulário Criar Sua Conta do Google. Depois, clique em Próxima Etapa.**

Você será solicitado a verificar sua nova conta (permitir que o Google saiba que realmente é seu endereço de e-mail). Um e-mail de verificação será enviado o endereço de e-mail inserido no formulário.

5 **Abra o e-mail no Google. Depois, clique no link.**

O link abrirá a página de login da conta do Google.

6 **Conecte preenchendo seu endereço de e-mail e senha.**

Se você tiver menos de 13 anos, pare aqui! Peça aos seus pais para que configurem uma conta.

7 **Volte para a home page do YouTube.**

O YouTube configura automaticamente um canal com seu nome.

8 **Clique no ícone do perfil.**

Seu ícone está no canto superior direito da página inicial do YouTube.

9 **Clique no ícone Configurações do YouTube. Em Recursos Adicionais, clique em Criar um Novo Canal.**

Você pode ser solicitado a verificar sua identidade. Se for, siga as etapas para verificar a conta.

Depois de verificar a conta, você pode voltar à Etapa 8.

10 **Digite um nome para seu novo canal.**

Não use seu nome verdadeiro como nome do canal.

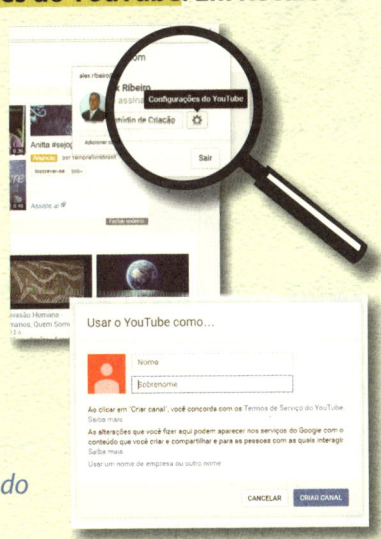

Escolha um nome do canal relacionado ao seu estilo de vídeo. Algumas vezes, os nomes de canal mais aleatórios e malucos são mais populares.

11 **Clique na seta para cima ou para baixo e escolha uma categoria.**

A categoria escolhida depende dos tipos de vídeos que você faz.

» Produto ou Banda é para vídeos de música e vídeos de produtos com marca conhecida.

» Empresa, Instituição ou Organização é para vídeos de negócios, educação e caridade.

» Artes, Entretenimento ou Esportes é para curtas, vídeos de esportes, vídeos divertidos, TV, vídeos de dança e jogos.

» Outros são para qualquer vídeo que não está nas categorias anteriores. Isso pode incluir vlogs e tutoriais.

12 **Clique na caixa ao lado de Concordo com os Termos das Páginas.**

Isso é como assinar um contrato entre a Google e você. É melhor pedir que seus pais leiam antes de clicar na caixa.

13 **Clique em Concluído.**

Você está pronto para começar a transferir vídeos para seu novo canal.

ENVIE UM VÍDEO PARA O YOUTUBE

Estas etapas são para o caso de você *não* ter usado o iMovie nem o Movie Maker para editar seu vídeo:

1 **Acesse www.youtube.com e conecte sua conta do YouTube.**

2 **Clique em Enviar.**

3 **Clique em Selecione Arquivos para Enviar e encontre seu arquivo de vídeo.**

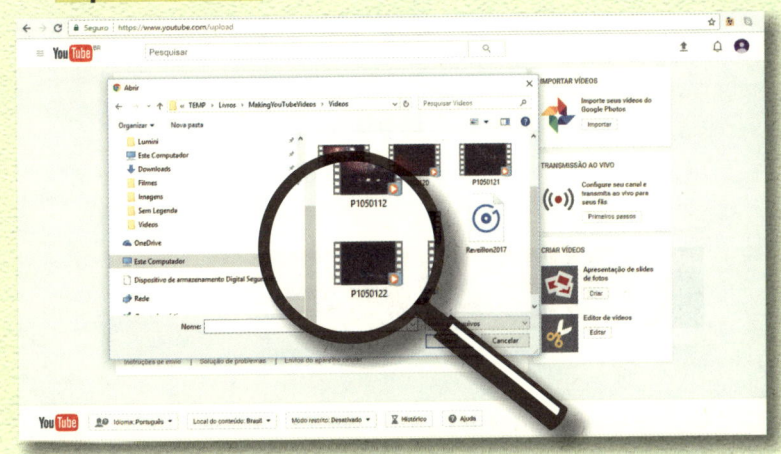

4 **Clique em Abrir.**

Seu vídeo começará a ser enviado. Uma barra de progresso mostra o processo de transferência.

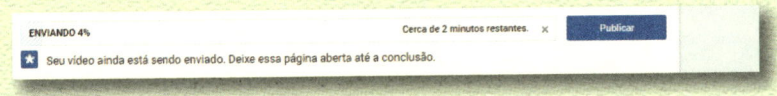

5 **Insira o título e a descrição de seu vídeo.**

Um bom título pode atrair mais visualizações. O que faria você querer assistir seu vídeo? É O Vídeo Mais Engraçado de Todos? Ajuda a pessoa a Dançar Como Michael Jackson? Seu título deve ter relação com o que existe no vídeo, mas também deve se destacar.

6 Se quiser, adicione **palavras de marcação** (tags).

Leia mais sobre as palavras de marcação na seção "Marcado — É Você!", posteriormente neste projeto.

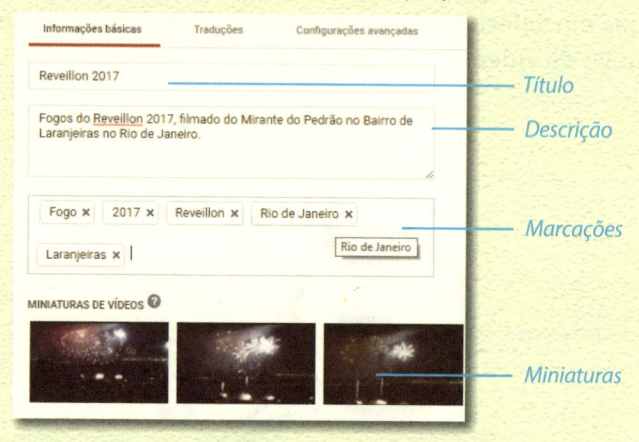

7 Escolha uma miniatura entre as três abaixo da caixa de marcações.

Miniaturas são pequenas imagens paradas que aparecem nos resultados de pesquisa. A miniatura é como uma prévia do que existe em seu vídeo.

Escolha uma miniatura que represente melhor seu filme.

8 **Clique em Publicar no canto superior direito da página.**

Seu vídeo está no YouTube! Quando for publicado, o YouTube enviará um e-mail com o link para seu vídeo.

9 **Compartilhe este link com a família e amigos.**

Você pode mudar a categoria do canal, decidir quem pode comentar seu vídeo e alterar outras definições. Para essas etapas, veja a seção "Mude Suas Definições de Vídeo", posteriormente neste capítulo.

COMPARTILHE SEU VÍDEO NO YOUTUBE COM O IMOVIE

Siga estas etapas se você editou seu vídeo no iMovie e deseja enviá-lo para o YouTube:

1 **Verifique se você tem uma conta do YouTube.**

Ei, você! Sim, você. Você precisa ter pelo menos 13 anos de idade para ter uma conta do YouTube. Peça permissão aos seus pais para usar uma de suas contas ou peça ajuda para criar uma.

2 **Abra seu vídeo no iMovie.**

3 **Clique em Compartilhar (Share) na barra de ferramentas superior.**

Você obterá uma lista de opções de compartilhamento.

MARCADO – É VOCÊ!

As *palavras de marcação* estão relacionadas com o seu vídeo. Elas ajudam as pessoas a encontrá-lo. Quando você estiver pensando em quais marcações usar, pense em como as pessoas poderiam encontrar o seu vídeo. Como você procuraria seu próprio vídeo? Quais palavras digitaria? Quais palavras estão relacionadas com ele? É um *vídeo engraçado, documentário* ou *curta*? Há um *gato pulando* ou um *cachorro roncando*? Um *lugar* ou *ponto de referência*? Não use palavras sem relação. Isso pode confundir as pessoas e fazê-lo perder visualizações.

4 **Clique no logotipo do YouTube.**

Você verá as configurações de seu vídeo.

5 **Clique na caixa de título e digite um novo título, se quiser.**

6 **Adicione uma descrição sobre o filme clicando na caixa de descrição.**

7 **Adicione palavras de marcação, se quiser.**

Se adicionar palavras de marcação, coloque uma vírgula entre as palavras ou frases. Se precisar de ajuda para inventar palavras, leia a seção "Marcado — É você!" neste projeto.

 *Você pode escolher o tamanho do seu vídeo. É melhor deixá-lo na definição padrão (automática).*

8 Escolha algo no menu **Categoria**.

9 No menu **Privacidade**, escolha **Público**.

 *Você pode deixar a configuração de Privacidade como Privado se quiser apenas que pessoas conhecidas vejam seu filme. Mas lembre-se que qualquer coisa colocada online não é muito privada. Se você quiser que seu vídeo seja encontrado por qualquer pessoa, então, mude as definições de privacidade para Público. Verifique com seus pais antes de definir seu vídeo para Público.*

10 Deixe a caixa **Adicionar a Cinema** como está.

11 Clique no botão **Fazer login**.

12 Preencha os dados de sua conta. Depois, clique em **Próxima**.

13 Clique em Próxima novamente.

14 Leia os Termos de Serviço do YouTube. Se concordar, clique no botão Publicar.

Seu vídeo é enviado para sua conta no YouTube. Quando terminar, você receberá uma ==mensagem== no canto superior direito da tela.

Para mudar seu título, marcações, quem pode comentar seu vídeo e outras configurações, vá para a seção "Mude Suas Definições de Vídeo", posteriormente neste projeto.

COMPARTILHE SEU VÍDEO NO YOUTUBE COM O MOVIE MAKER

Siga estas etapas se você editou seu vídeo no Movie Maker e deseja enviá-lo para o YouTube:

1 **Verifique se você tem uma conta do YouTube.**

Provavelmente você sabe as regras agora: se tiver menos de 13 anos, peça permissão aos seus pais para usar a conta deles. Você pode pedir para eles criarem uma conta para você.

2 **Abra seu vídeo no Movie Maker.**

3 **Clique na guia Início (Home) na barra de ferramentas.**

4 **Localize Compartilhar (Share) e clique no ==logotipo do YouTube==.**

Você verá as opções de tamanho do vídeo.

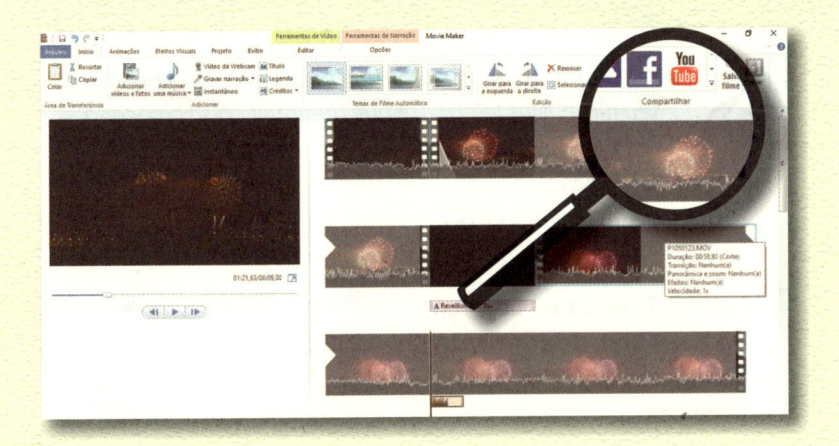

5 Selecione **1920 x 1080**.

6 Conecte sua conta usando o formulário. Depois, clique em Próxima.

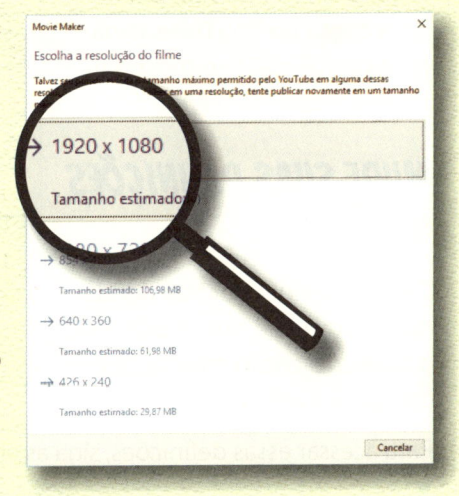

Você pode ver as opções de seu vídeo.

7 Clique na caixa Título e digite um novo título se quiser.

8 Clique na caixa Descrição e descreva seu vídeo.

9 Se quiser, adicione palavras de marcação.

Se adicionar palavras de marcação, coloque uma vírgula entre as palavras ou frases. Se precisar de ajuda para inventar palavras, leia a seção "Marcado — É você!" neste projeto.

10 Escolha no menu Categoria.

11 Deixe a configuração de Permissão como Público.

Você pode deixar a configuração de Permissão como Privado se quiser apenas que pessoas conhecidas vejam seu filme. Mas lembre-se que qualquer coisa colocada online não é muito privada. Se você quiser que seu vídeo seja encontrado por qualquer pessoa, então, mude as definições de privacidade para Público. Verifique com seus pais antes de definir seu vídeo para Público.

12 Leia os Termos de Serviço do YouTube. Se concordar com eles, clique no botão Publicar.

Seu vídeo é enviado para a conta no YouTube. Uma caixa de diálogo mostra o progresso do envio.

MUDE SUAS DEFINIÇÕES DE VÍDEO

Depois do vídeo ser transferido para o YouTube, você pode mudar o título, descrição, marcações, categoria e privacidade.

Para acessar essas definições, siga as etapas:

1 Conecte sua conta do YouTube.

2 Clique no ícone do perfil.

Está no canto superior direito da página do YouTube.

3 Clique em Estúdio de Criação.

4 Clique em Gerenciador de Vídeos no painel à esquerda.

Seus vídeos deverão ser listados.

5 Clique em Editar ao lado do vídeo cujas definições você deseja mudar.

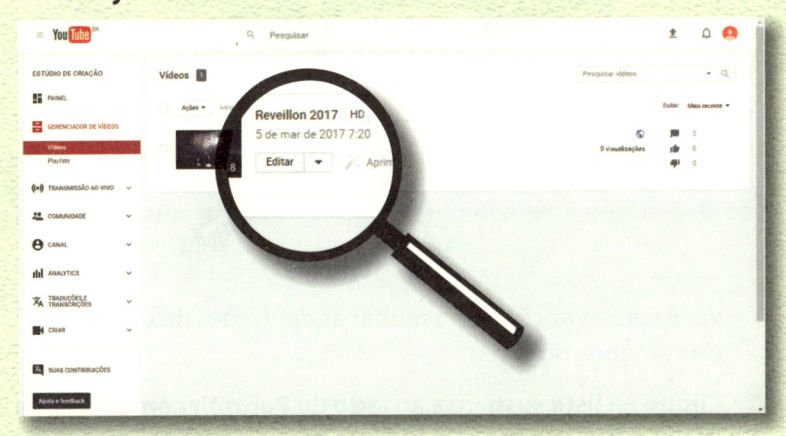

Uma nova página mostra seu vídeo com duas opções de configuração embaixo. A guia Informações básicas deve ser selecionada. É onde você pode mudar o título, descrição, marcações e privacidade.

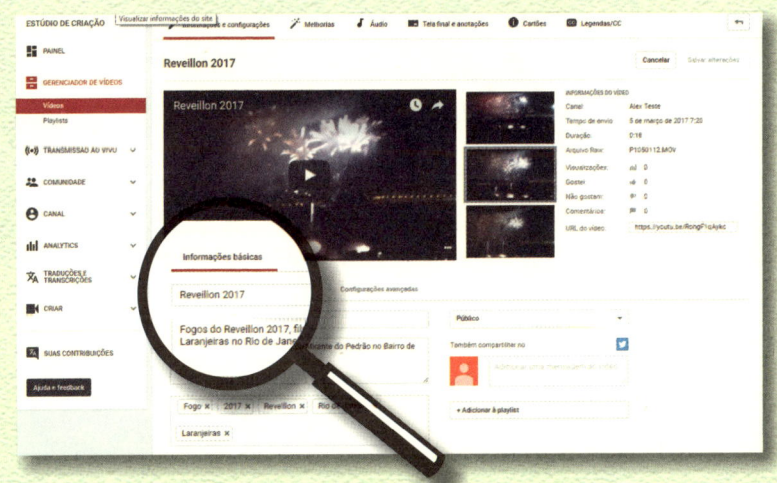

6 Depois de fazer as alterações, clique em Salvar Alterações.

Está no canto superior direito da página.

7 Clique na guia **Configurações avançadas** abaixo do vídeo.

Você verá as opções para mudar as definições do comentário e a categoria do vídeo.

8 Clique na lista suspensa ao lado de Permitir comentários e escolha **Aprovado**.

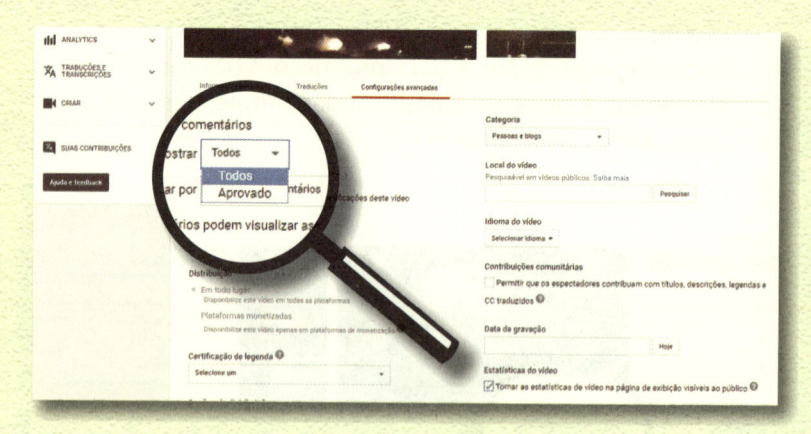

 *Recomendo mudar as definições Permitir comentários para que você possa verificar e aprovar todos os comentários que as pessoas fizerem sobre seu vídeo antes deles aparecerem no YouTube.*

9 **Clique na lista suspensa ao lado de Categoria. Selecione uma nova categoria.**

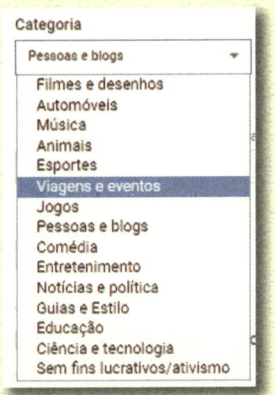

Categoria

Pessoas e blogs ▼

Filmes e desenhos
Automóveis
Música
Animais
Esportes
Viagens e eventos
Jogos
Pessoas e blogs
Comédia
Entretenimento
Notícias e política
Guias e Estilo
Educação
Ciência e tecnologia
Sem fins lucrativos/ativismo

10 **Clique em uma das miniaturas ao lado do vídeo.**

11 **Clique em Salvar alterações.**

 *Se você não clicar em Salvar alterações, as opções feitas não funcionarão.*

Seu vídeo do YouTube está pronto para ser compartilhado.

CONSIGA MAIS VISUALIZAÇÕES

 *Você já pensou em como alguns vídeos conseguem tantas visualizações? Existem muitos truques para aumentar o número de visualizações de seu vídeo — quantas pessoas o assistem.*

Eis alguns truques para conseguir mais visualizações:

» **Um título que chama a atenção:** O título é uma das primeiras coisas que as pessoas veem quando estão *buscando* vídeos para assistir. Um título chamativo pode fazer com que a pessoa pare e assista. O que faria alguém querer assistir ao seu vídeo? Antes de decidir, veja os títulos dos vídeos mais populares no YouTube.

» **Uma ótima descrição:** Muitas pessoas não incluem descrição, mas ela pode fazer a diferença. Sua descrição deve explicar o que o público verá ao assistir seu vídeo. Limite-se a poucas frases. Esta é a chance de vender seu vídeo.

» **As melhores marcações:** *Marcações,* ou tags, são palavras que as pessoas usam para pesquisar. Usar marcações inteligentes aumenta a chance de as pessoas encontrarem seu vídeo. Use palavras de seu título e descrição, mais qualquer palavra relacionada ao que acontece no vídeo.

» **Conte para todos:** Tenha orgulho de seu vídeo! Conte às pessoas. Envie e-mails e compartilhe o link do seu vídeo do YouTube com amigos e familiares e peça que eles compartilhem também.

» **Consiga assinantes:** Peça às pessoas para assinarem seu canal do YouTube. Considere assinar outros usuários do YouTube. Algumas vezes, se você assinar os canais de outras pessoas, elas retornarão o favor. Se não, peça. Mais assinantes significa mais visualizações.

» **Peça às pessoas para curtirem e compartilharem:** Você pode postar comentários sobre os vídeos parecidos com os seus. Peça às pessoas que assistam, curtam e compartilhem seu vídeo. Também é uma ótima maneira de fazer as pessoas assinarem seu canal.

Não envie spam (fazendo muitos comentários sobre os vídeos de outras pessoas). Você pode fazer inimigos rapidamente.

» **Faça playlists:** *Playlist* é uma lista de vídeos que se reproduzem um após o outro. Uma playlist pode ter vídeos relacionados por assunto (como, sei lá, cachorros), seus e de outros YouTubers. Se seu vídeo for sobre cachorro, pense em fazer uma playlist com todos os vídeos mais divertidos de cachorros que puder encontrar e, então, inclua os seus.

» **Crie anotações:** Palavras podem aparecer quando você está assistindo um vídeo do YouTube. Elas são *anotações*. Normalmente, estão no final de um vídeo do YouTube e, em geral, informam coisas como "Veja meu vídeo mais recente", "Assine" ou "Curta". Adicionando anotações, você pode ter um link com outros vídeos, playlists e para o seu canal.

» **Uma boa imagem do canal:** Adicione uma imagem ao canal que chame a atenção das pessoas que estão navegando no YouTube. Escolha uma imagem que combine com seus vídeos. Pode ser uma captura de tela de um de seus filmes ou uma imagem do gato que estrela o vídeo.

GLOSSÁRIO

AO LER ESTE LIVRO, VOCÊ ENCONTRARÁ ALGUMAS PALAVRAS NOVAS. Se não tiver certeza sobre o significado de uma palavra que usei no livro, consulte esta lista.

ação Um termo falado pelo diretor durante a gravação de uma cena para que o elenco e a equipe saibam que iniciou uma tomada.

ângulo A posição da câmera em relação ao tema.

áudio O som que é capturado ao gravar.

boom Um suporte longo com um microfone acoplado. Os booms geralmente ficam acima dos atores para gravar o som em uma cena.

cabo FireWire Um modo de transferir dados e vídeo de uma câmera para um computador. As conexões FireWire também podem ser chamadas de *IEEE 1394*.

cabo USB Um fio que você pode conectar para transferir o filme de uma câmera para um computador.

cartão de memória Um pequeno dispositivo de armazenamento que guarda o áudio ou vídeo gravado pela câmera. Os cartões CompactFlash (CF), Secure Digital (SD), MicroSD, MiniSD e SxS são alguns dos cartões de memória para câmeras de vídeo.

câmera do celular Um dispositivo de celular que pode capturar imagens paradas e gravar vídeos.

cena Uma série de imagens filmadas em um local para contar uma parte da história.

cena geral É a primeira imagem a aparecer em uma cena, portanto, ela define, ou *estabelece*, a cena.

cenário Uma área construída onde uma cena pode ser gravada.

claquete Uma placa onde são escritos os detalhes do filme. A pessoa segura na frente da câmera para introduzir uma cena durante a gravação. Tradicionalmente, era usado giz para escrever os detalhes, mas agora, são usados marcadores. Às vezes, a claquete é chamada de *lousa*.

corta Um termo falado pelo diretor durante a gravação para que o elenco e a equipe saibam que uma tomada acabou.

cronograma Um plano da gravação do dia que mostra as horas e os detalhes das cenas a serem gravadas.

desenvolvimento O processo de construir e criar um filme.

diálogo As palavras ditas pelos personagens em um filme ou vídeo.

diretor A pessoa que diz aos atores e à equipe o que fazer. O diretor também escolhe os ângulos da câmera e quais cenas usar no vídeo.

edição O processo de montar o filme e os clipes depois de gravar.

efeito Uma técnica visual ou de áudio usada para melhorar ou mudar a aparência ou o som de um videoclipe. Você pode adicionar efeitos durante a gravação ou edição.

efeitos sonoros Os sons adicionados a um filme na edição.

elenco O grupo de atores que estão em um filme ou vídeo.

equipe Um grupo de pessoas por trás das cenas ou da câmera que está envolvido em fazer um filme ou vídeo.

esboço sequencial Uma *série*, ou um grupo, de imagens criadas antes da gravação. Ajuda a planejar as cenas a serem gravadas.

falas O *diálogo* (palavras) no roteiro falado pelos atores.

ferramenta de edição O software em um computador usado para editar o vídeo.

ficção Baseado em uma história imaginada pelo escritor, não baseada em fatos.

filmadora Uma câmera de vídeo, que é um dispositivo usado para fazer gravações.

foco A nitidez de uma imagem.

gravar *Filmar* ou gravar um vídeo.

iluminação Fornecer luz a uma cena. E mais, a iluminação inclui os dispositivos (como uma lâmpada) que fornecem luz a uma cena.

importar Salvar o vídeo em um computador a partir de uma câmera, fita ou cartão de memória.

lente Um dispositivo anexado à câmera que usa vidro para focar um tema.

lista de cenas Uma lista usada pela equipe mostrando as cenas a serem gravadas.

local Um lugar ou área usada para gravar uma cena.

megassucesso (ou blockbuster) Um filme *em grande escala* (realmente grande) com um *orçamento* de produção alto (muito dinheiro para gastar) e, em geral, lançado globalmente nos cinemas.

microfone Um dispositivo usado para capturar o som ao gravar. Também chamado de *mic*.

monitor Uma minitela que permite ver o que a câmera captura quando grava e revisar o que foi gravado.

não ficção Um filme ou vídeo usando fatos ou eventos reais, estrelando as pessoas reais envolvidas nos eventos.

narração Uma voz gravada usada em um filme ou documentário. O narrador não aparece.

objeto cênico Qualquer item usado por um ator.

personagem Uma pessoa em uma história, geralmente fictícia.

pós-produção O trabalho feito em um filme após a gravação.

produtor A pessoa que cria um filme.

quadro Uma única imagem feita a partir de muitas imagens capturadas no filme. Também conhecido como *fotograma*.

rolo Uma tira de filme enrolada em uma roda de metal para exibir em um projetor. Uma película era usada para gravar filmes antes da era do vídeo digital (algumas vezes, ainda é usada). Mesmo os filmes digitais costumam ser enviados aos cinemas em rolos de filme. Um filme médio requer de três a cinco rolos.

roteiro Um documento com detalhes de uma história a ser gravada, incluindo as cenas e os diálogos.

tema A pessoa ou o objeto sendo gravado.

tomada Um ato gravado de uma cena durante a gravação. Esperam-se 10 ou 100 tomadas por cena (dependendo da duração da cena).

zoom Ampliar um objeto ou tema ao gravar. Faz com que o tema fique mais perto ou distante.

SOBRE O AUTOR

Nick Willoughby é produtor, diretor, ator e escritor no Reino Unido, entusiasta e apaixonado por filmes. A paixão de Nick por produção de filmes começou quando ele escreveu seu primeiro curta aos 18 anos. Desde então, ele vem inspirando jovens a darem vida às suas histórias através da arte do cinema.

Nick começou sua carreira como ator e exerceu muitas funções na indústria da mídia, desde operador de câmera até diretor. Depois de oferecer suas habilidades em escolas, como instrutor de cinema e consultor, ele fundou a Filmmaking for Kids, que visa encorajar e inspirar jovens a desenvolverem sua criatividade através da arte do cinema. Agora, Nick promove cursos na Filmmaking for Kids enquanto escreve e dirige filmes, vídeos corporativos e comerciais com sua empresa de produção, 7 Stream Media, no Reino Unido.

AGRADECIMENTOS DO AUTOR

Ser convidado para escrever outro livro, *Criando Vídeos para o YouTube*, foi uma honra e uma surpresa. É justo que eu agradeça a todos aqueles que me ajudaram ao longo do caminho.

Você não teria este livro em suas mãos se não fosse pela inspiração do editor-executivo Steve Hayer e o apoio da fantástica Tonya Cupp.

Um grande agradecimento ao belo Toby, que aparece nas imagens de abertura do projeto. Obrigado também a Poppy, o operador de câmera, Ashish, Josh e Paige, que aparecem em algumas imagens do livro.

Também quero agradecer ao meu cachorro Milo por concordar em estrelar o vídeo do YouTube que faz parte do livro. Ele é o cão mais fofo de todos e dá os melhores abraços — embora não possa dizer o mesmo de seus beijos molhados.

Sou especialmente grato aos meus pais por fazerem de mim quem eu sou. Sem seu amor, apoio, paciência e críticas construtivas eu não estaria onde estou hoje.

Por último, quero agradecer a Deus por me dar uma mente criativa e por ser minha força e inspiração.